上海对外经贸大学
一流本科建设引领计划

棱镜透视法国中世纪

Histoire du Moyen Age

王春慧◎著

上海交通大学出版社
SHANGHAI JIAO TONG UNIVERSITY PRESS

内容提要

　　本书聚焦于法国中世纪的历史,摒弃枯燥地记录时间、地点、人物和历史事件的编写方式,通过亲善的语言、有趣的历史插图,尽力让读者对法国中世纪的历史建立一种立体的、丰富的阅读体验。通过阅读本书,读者可以清楚地了解凯尔特人、高卢人、法兰克人、法兰西人之间的转化和发展关系;了解教皇和教会在整个法国甚至欧洲历史上的作用和意义;了解为什么法国以及整个西欧在 14 世纪中期出现了奢侈迷乱的风尚;了解骑士阶层的崛起、兴盛与消亡;了解为什么经历了路易十四时代封建王权的辉煌之后,法国很快发生革命,最终迎来法兰西第一共和国等历史知识。本书适合法语专业学生和教师,以及对法国中世纪历史感兴趣的读者选读。

图书在版编目(CIP)数据

棱镜透视法国中世纪／王春慧著. —上海:上海
交通大学出版社,2020
ISBN 978-7-313-22620-4

Ⅰ.①棱… Ⅱ.①王… Ⅲ.①法国—中世纪史 Ⅳ.
①K565.3

中国版本图书馆 CIP 数据核字(2019)第 270586 号

棱镜透视法国中世纪
LENGJING TOUSHI FAGUO ZHONGSHIJI

著　　者:王春慧
出版发行:上海交通大学出版社
邮政编码:200030
印　　制:江苏凤凰数码印务有限公司
开　　本:710 mm×1000 mm　1/16
字　　数:160 千字
版　　次:2020 年 5 月第 1 版
书　　号:ISBN 978-7-313-22620-4
定　　价:58.00 元

地　　址:上海市番禺路 951 号
电　　话:021-64071208
经　　销:全国新华书店
印　　张:9
印　　次:2020 年 5 月第 1 次印刷

前　言

　　历史是丰富的、厚重的;历史人物也曾血肉丰满、个性鲜明、形象鲜活;历史事件也曾让人闻之骇然色变。然而在历史的长河中,浪沙淘尽英雄,那些人、那些事最终印刷成铅字载入史册。中世纪法国的君主们亦是如此,任凭他们如何权倾一时,高奏时代凯歌,终逃不过历史车轮的碾压,归于沉寂。

　　历史研究是科学的、发展的。但又与其他研究有所差别,本身并不创造数据或事实,而是力图发现正以某种形式存在的数据或事实。历史是人类丰富的文化遗产,历史人物在各自的历史时期璀璨绚烂,可很多史学典籍只是古板地向读者提供时间、人物、事件,然后由学习者根据需要,机械地记住相关信息,满足了历史资料可供查阅的需求。当然,也不乏有学者笔下的历史人物栩栩如生,讲述的历史事件形象生动,让人能够瞬间穿越现实,回到历史。但是以法国君主为视角点,把整个法国中世纪历史较为系统地、完整地、生动地记录下来的作品却并不多见,而这样的史学书籍却是很多读者一直以来的渴求,我亦如此。于是,作为曾经的法语学习者、如今的法语研究者,我决定自己来编写一部这样的作品。

　　为了完成这部作品,我筹备了三年的时间,其间阅读和搜集了很多关于法国的历史资料。尤其当我读到乔治·杜比、陈文海、王春永、郑嘉伟等学者撰写的关于法国历史的作品时,顿觉遇到知音,反复诵读。他们的作品让我深受启发和鼓舞,在此向各位前辈表示感谢。希望自己也能通过努力,用平实的语言编写出一部人物形象丰满、情节完整、内容追求真实的法国中世纪历史作品。

　　本书力图以法国王室的变迁为主线,棱镜聚焦法国国王的所见所闻、所思所想,带领读者身临法国中世纪。君主不再是高居神坛的王者,他们亦有血有肉,有情有欲。棱镜中透视出的法国君主或勤政贤明,或懒政怠政,或时势造英雄,或生不逢时。但无论他是哪位君王,震撼欧洲也好,处处被掣肘也罢,都有道不清的困扰与遗憾。

　　通过阅读本书,读者可以系统地了解凯尔特人、高卢人、法兰克人、法兰西人之间的演化和发展关系;了解中世纪"黑暗时期"不同历史阶段的划分和各自特点;了解教皇和教会在整个法国中世纪历史上的作用和意义;了解为什么法国以及整个欧洲在 14 世纪中期出现了奢侈迷乱的风尚;了解骑士阶层的崛起、兴盛与消亡的原因始末;了解人文主义的崛起和宗教的改革与分裂;了解路易十四时代封建君主专制的辉煌之后,法国为什么会很快发生大革命,最终迎来法兰西第一共和国。

通过阅读本书,希望读者能够更深入地了解法国历史,了解法国文化,了解法国人的思维模式,而后在各自的工作岗位上为中法文化交流做出各自的贡献。

王春慧
上海对外经贸大学

目　录

希腊是西方文明的摇篮，罗马是希腊文明的传承者。令人欣喜的是，这两种文明都曾经在法国那片土地上生根开花：农业耕作、科学与艺术从古典时代起就浸润着生活在那片土地上的人。公元前 6 世纪，有一部分希腊人迁移到现在的马赛，开始定居生活。与此同时，在法国的北部生活着起源于德国西南的凯尔特人（早在公元前 850 年左右，凯尔特人经过莱茵河进入法国，而后一路向南到达塞纳河和卢瓦尔河）。他们身强体壮、奋勇好战，而且擅用铁器，之后的岁月中，他们征服并同化了那些从希腊迁居于此的当地人。这些凯尔特人接着又征服了从新石器时代起便居住在法国西南的伊比利亚人、居住在中央高原的阿基坦人，以及居住在东南的利古里亚人。到了公元前 5 世纪，整个法国几乎都是凯尔特人。

公元前 4 世纪，罗马发展成为一个势力强大的国家，通过一系列的对外征战，使周围的部落纷纷臣服。但是位于罗马西北部的高卢人（罗马帝国把先前希腊人称作凯尔特人的民族叫作"高卢人"，把高卢人居住的地方称作"高卢"）却野性难驯，而且还不断地向南侵扰，攻击罗马。其实在被罗马征服之前的一个世纪，是高卢文明的鼎盛时代，那时高卢已经开始运用钱币，并出现规模宏大的城堡。当时的高卢人分为许多不同的部落，各部落听命于部落首领。除此之外，高卢人对部落内的祭司非常崇敬，这些祭司被称作"德罗伊德①"，他们掌管着部落内部的宗教仪式，同时担任医生和教师等职务，社会地位非常高。人们所创造的财富，主要集中在少数的部落首领、祭司手中。直到公元前 2 世纪，当罗马军团浩浩荡荡地从东边杀来时，情况发生了转变。

---

① 德罗伊德教，是古凯尔特人信奉的一种原始宗教，曾盛行于高卢、不列颠和爱尔兰等地，现已失传。

第一章
罗马化的高卢时期

公元前 510 年，罗马人驱逐了当时的暴君高傲者塔克文，罗马王政时代结束，随后罗马共和国建立。国家实行元老院（贵族）、执政官（王权）和部族会议（公民）三权分立。元老院掌握着国家实权，由贵族组成；执政官两名，由百人队会议从贵族中选举产生，行使最高行政权力。如遇非常时期，则设立独裁官代替二执政官，任期规定是半年；部族会议由男性平民和男性贵族构成。这种三权分立制度是古罗马共和国的基本政治体系，为古罗马称霸一方提供了政治保障，是古代最经典的政治体系之一。这种政体一直持续到公元前 27 年。

第一节　高卢进入罗马化时代

公元前 3 世纪至公元前 2 世纪，罗马积极向外扩张。通过三次布匿战争①，打败北非的迦太基人，先后征服巴尔干半岛和西班牙的一部分。第二次布匿战争后不久，罗马开始征讨高卢，并于公元前 118 年占领法国地中海沿岸地区，建立纳尔榜高卢行省。谈到此处，我们就不得不说一说盖乌斯·尤利乌斯·恺撒（前 100—前 44），他是罗马共和国末期的军事统帅、政治家，他一生征战欧洲，为罗马帝国的建立打下了雄厚的基础，被罗马尊为"祖国之父"。生前他从未称帝，但世人皆称他为"恺撒大帝"。

公元前 60 年，恺撒被选举为罗马共和国的执政官。当时罗马的局势是这样的：庞培（拥有庞大的兵力）急切地需要获得土地，以便安置一直跟随他的退伍老兵；克拉苏（罗马首富）当时正想着如何对抗帕提亚，尽管他非常富有，但无奈没有对军队的控制权；而执政官恺撒正好需要庞培的军队和克拉苏的金钱。因此，这三人于

---

① 布匿战争：指前 264 至前 146 年发生在古代罗马与迦太基之间的战争。罗马称迦太基人为"布匿"。

公元前 60 年订立盟约,目的是使"这个国家的任何一项措施都不得违反他们三人之一的意愿",这个联盟被称为"前三头同盟"。为了巩固这一政治联盟,恺撒将 14 岁的独生女茱莉娅嫁给了时年已经 50 岁的庞培。三人结盟后,操控政局,威震罗马。

公元前 58 至公元前 51 年,恺撒率领罗马军队对高卢先后发动了八次军事远征,夺取了整个高卢地区,并把以比利牛斯山、阿尔卑斯山、塞文山、莱茵河和罗纳河为界,周长超过 3 000 英里的地区变成了一个行省,即高卢行省。恺撒担任高卢行省总督,并强制规定行省每年上缴大量钱财。恺撒在高卢征战 9 年,他凭借武力在高卢确立了罗马奴隶主统治阶级的统治基础,从此,高卢纳入罗马国家的版图,开始了高卢的罗马化时代。

《高卢战记》[①]记载了公元前 1 世纪西欧的社会状况,是研究罗马历史的重要资料。在军事方面,《高卢战记》是唯一一部以作战指挥官的视角、翔实记载古代战争的文献,是后世了解高卢战争的唯一原始资料。在文学方面,由于《高卢战记》以拉丁文创作,很长时间以来都是学习拉丁文的范文。

《高卢战记》

《高卢战记》中,详细地记述了八次远征高卢的作战经过。前七卷,由恺撒所著,记述了他在高卢作战的经过,从公元前 58 年至公元前 52 年,每年的事迹写成一卷。恺撒死后,他的幕僚奥卢斯·伊尔久斯续写了第八卷。

这八次远征高卢分别是:

公元前 58 年:厄尔维几之役

公元前 58 年:阿里奥维斯都斯之役

公元前 57 年:征服比利时

公元前 56 年:镇压威尼蒂人和阿奎达尼人

公元前 55 年:入侵日耳曼

公元前 54 年:占领不列颠群岛

公元前 54—公元前 53 年:镇压埃布龙人、阿杜阿蒂基人、内尔维人、特雷维里人等起义

公元前 52 年:镇压以维钦托利为首的高卢部落起义

---

① 《高卢战记》的拉丁语名称是 *Commentarii de Bello Gallico*。

　　高卢战争使得恺撒威名远播，大权独揽。几年之后，前三头同盟之一的克拉苏在帕提亚战役中遭到彻底失败，且不幸阵亡。克拉苏是古罗马著名的军事家、政治家，而且是当时罗马的首富。他的死改变了整个罗马的局势，三巨头局面开始失衡，庞培开始对恺撒在高卢的权势和影响力表示不满，并公开表明敌对态度，元老院趁势拉拢了庞培，这使得恺撒在罗马遭遇到政治危机。公元前49年，元老院发出命令，要求恺撒撤回罗马，恺撒回复希望能延长高卢总督任期，元老院严词拒绝并发出最终通告，表示如果不立刻回罗马，就将宣布恺撒为国敌。情势所迫，恺撒带领军团渡过国境线卢比孔河，罗马内战爆发。恺撒的这一举动震动了庞培以及元老院共和派议员，他们中有很多人带着家当逃离了意大利半岛，恺撒顺利地率军入驻罗马城，并要求元老院其他议员选举他为罗马独裁官。第二年，逃亡到埃及的庞培被杀害，他的头颅被进献给恺撒，就这样前三头政治终结，恺撒建立了独裁统治。

　　为了巩固统治，恺撒进行了一系列政治改革。他首先改革元老院，扩大元老人数，培植亲信，夯实自己的统治基础；其次他扩大公民权，提高行省和意大利自治市的政治地位；最后在经济上，改成由国家直接征收赋税，制定了反奢侈法。这些政策措施有利于建立和巩固中央集权，然而却严重伤害了元老院贵族的利益，削弱了他们的权势。因此，罗马国内暗流涌动，危机四伏。

　　公元前44年，恺撒宣布远征帕提亚，目的是拯救卡莱会战中被俘虏的9 000名罗马士兵。可是当时疯传着一句话"只有王者才能征服帕提亚"，这让有些共和派议员感到非常不安，他们担心恺撒称王，为此开始密谋杀害恺撒。据史料记载，当时参加这个阴谋的大约有60多人，为首的是盖尤斯·卡西乌斯、马可斯·布鲁图斯和德基摩斯·布鲁图斯。3月15日，一群元老把恺撒叫到元老院，假意让他去宣读一份陈情书，要求恺撒把权力交回议会，当然这只是一个骗局。当时的执政官马克·安东尼是恺撒的心腹部将，他得知隐情后，急忙来到元老院的阶梯上，试图阻拦恺撒，可是参与预谋的元老们在庞贝兴建的剧院前先一步找到了恺撒，并把他领到剧院的东门廊。

　　正当恺撒宣读这封假陈情书的时候，一个名叫卡斯卡的家伙突然扯开恺撒的外套，用刀刺向他的脖子。恺撒警觉到情况不对，转身抓住卡斯卡的手，用拉丁语说："恶人卡斯卡，你在做什么？"被吓到的卡斯卡转向其他元老，用希腊话说："兄弟们，帮我！"一下子所有人都开始刺向恺撒。可是当马可斯·布鲁图斯①挥刀扑来时，恺撒的内心倍受打击，他放弃了抵抗，甚至闭上了双眼，"我的孩子，也

---

① 他是恺撒最信任的养子，也是共和制度坚定的信仰者。

有你吗?"这是恺撒留给历史的最后一句话。根据史料记载,恺撒身中 23 刀,其中只有一刀是致命伤,但没有人宣布对这一刀负责。一代枭雄就这样被杀害了,享年 58 岁[①]。

恺撒遇刺身亡之后,他的遗嘱在执政官马克·安东尼的家中被启封宣读。遗嘱中,恺撒指定他姐姐的三个孙子为继承人:屋大维继承了四分之三的财产,其余四分之一由鲁基乌斯·皮那留斯和克文图斯·佩蒂尤斯分享继承;遗嘱中还指定屋大维为他的养子,继承他的姓氏。恺撒死后,按照法令,他被列入众神行列,被尊称为"神圣的尤利乌斯"。在他之后,对高卢乃至整个罗马帝国的建设工作,基本上是由他的继任者屋大维(前 63—14)和克劳狄(前 10—54)完成的。

第二节 高卢进入奴隶制社会

恺撒的甥外孙屋大维于公元前 43 年扬言为恺撒复仇,他顺势与安东尼(恺撒的心腹部将)、雷必达(骑兵长官)三人公开结盟,被称为"后三头同盟"。11 月底,

后三头带兵进入罗马,发布"公敌宣告",大肆清洗杀害恺撒的凶手和他们的政敌,并趁机聚敛财富。那些阴谋刺杀恺撒的人在随后 3 年间都被判有罪,并以不同方式死于非命,几乎无人幸免。有些人死于海难,有些人死于屋大维和其他恺撒部将发动的战争,有些人甚至死于刺杀过恺撒的那同一把匕首。公元前 40 年,后三头在罗马重新划分势力范围,安东尼统治富裕的东方,雷必达统治非洲,屋大维统治西方和高卢,意大利则由三头共同治理。为了加强政治同盟关系,后三头也效仿前三头的联姻做法,安东尼成了屋大维的姐夫。

盖维斯·屋大维·奥古斯都
(前 63—14)

下面我们就来看看屋大维的治国方略。在他之前,马略(前 157—前 86,罗马共和国将军和政治家)建立了新的军队殖民地,把国有土地分配给军队,但是这严重威胁到骑士和罗马公民的利益;苏拉(前 138—前 78,前三头之一)尝试用军队压

---

① 巴里·施特劳斯.恺撒之死[M].北京:北京联合出版有限公司,2020.

迫元老院,结果却遭到元老院的强烈反抗;庞培(前 106—前 48,前三头之一)力图
建立政治联盟来团结议员,然而议员们却各怀鬼胎;恺撒自封为终身独裁官,在罗
马权倾一时,结果却被刺身亡。屋大维继位以后,他深刻地认识到,要想施行改革,
一定不能触犯现有的制度和阶级体系。首先,屋大维重组元老院,设立的最重要的
五个官职是:保民官(代表下层人民的利益)、独裁官(在战争期间由元老院指认,
任期一年)、大祭司(负责管理和主持国内宗教仪式)、检察官(负责调查国内人口,
负责检举揭发元老院内的不良作风)、执政官(负责主持元老院内的一切事物)。他
们在新政方案上,有优先发言权。正是这种政府改组,给罗马世界带来了长达两个
世纪的和平与繁荣。

朱里亚·克劳狄王朝

(前 27—68)

这是罗马帝国第一个世袭王朝,是屋大维所属的尤里乌斯家族借由联
姻关系与克劳狄乌斯家族结合形成的王朝。朱里亚·克劳狄王朝共传五位
皇帝,依次为:屋大维、提比略、卡利古拉、克劳狄乌斯和尼禄。公元 68 年,
王朝最后一位皇帝尼禄自杀身亡,朱里亚·克劳狄王朝遂告终结,罗马帝国
进入四帝内乱时期。

公元前 28 年,元老院赐封屋大维为"奥古斯都"(意为神圣伟大),罗马共和国
结束,罗马帝国建立,朱里亚·克劳狄王朝随之开始。

公元前 27 年,屋大维就任国家元首,成为没有君主称号的君主。这时的罗马
已经是一个包括整个地中海地区,跨据欧、亚、非三大洲的庞大帝国。当时,各行省
内居住着罗马 3/4 的人口,资源丰富,是税收重地,这让行省在罗马帝国内占据了
重要地位。鉴于这种情势,屋大维整顿了行省统治制度,他把行省分为元老院行省
和元首行省,元老院行省由元老院任命执政官统治,元首行省直属屋大维统治。

高卢与意大利半岛相邻接,濒临地中海和大西洋,地理位置优越,境内物产丰
富,每年向罗马缴纳巨额赋税。早在恺撒统治时期,高卢的贡税就达到了每
年 4 000 万塞斯提斯(一种银币),在财政经济上对罗马具有重要意义。公元前 27
年,屋大维在纳尔榜行省以外的高卢建立了三个元首行省,即凯尔特行省、比尔及

行省、阿基坦行省。这三个行省以及受元老院治理的纳尔榜行省共辖约 90 个州，每州设有一个首府，包括几个城镇、一些村庄和庄园。

地方政府依照罗马的制度，选举各自的行政长官，任期一年，或接受罗马派遣的官吏进行治理，向帝国缴纳赋税，但与元老院行省相比，在内部事务方面拥有一定的自主权。

罗马政府对高卢的上层人物实行拉拢收买的政策。在罗马征服高卢期间，高卢原有的贵族发生了变化，有的因反抗罗马而遭消灭，有的则与罗马合作或投降，从而保持了原来的地位，并被罗马赐与土地和奴隶，成为新兴的奴隶主阶级。

除此之外，罗马在文化上推行拉丁化。罗马人使用的拉丁语成为全国的正式语言，政府官员、军人、商人都必须使用它。由于当时高卢人还没有创造出自己的文字，这为拉丁文化的传播提供了有利的条件。拉丁语首先被高卢上层人物接受，然后又变成普通民众的语言，渐渐地取代了法国人祖先所用的凯尔特语，然后经过长期的演变，形成了以民间拉丁语为基础的、属于高卢人自身的语言——罗曼语。公元 5 世纪欧洲日耳曼民族大举南侵，法兰克人来了，使得罗曼语中融入了日耳曼语词汇，变得更加多元化。根据语言史学家瓦特布尔统计，法语词汇中大约有 180 个高卢语词汇以及 400 个衍生变化后的日耳曼法兰克词汇。公元 8 世纪，法语随着查理曼帝国的建立逐渐拥有了自己的语系和规则，成为一门独立的语言，拥有了自己的词汇和语法理论。公元 842 年，由秃头查理宣布的、用罗曼语写成的《斯特拉斯堡誓词》（参看第三章第三节），标志着古法语的雏形已经出现。罗曼语终于迎来了一套可以自我更新、自我发展的机制，经过几个世纪的演变，在 17 世纪发展成为现代法语。

罗马在宗教方面进行了渗透。高卢被征服之后，在鲁格敦建造了罗马女神祭坛，任命罗马化的高卢贵族为祭司，长此以往，高卢神慢慢具有了罗马神的性质。公元前 12 年，屋大维在里昂召集高卢三个行省 64 个邦的代表们成立行省大会，进行崇拜罗马和奥古斯都的仪式，而且规定每年 8 月 1 日定期举行同样的集会表达对罗马的忠诚。行省大会不是行省管理机构的组成部分，且无权干预行政事务，但它以宗教联盟和宗教活动的形式加强了帝国在高卢的统治，有助于调整各行省内部的关系。行省大会后来成为行省与罗马政府以及与国家元首沟通的一条渠道。

罗马对高卢实行的统治和行省政策，在帝国初期曾受到包括一些贵族在内的高卢人的反抗。普通高卢人遭受本地贵族和罗马政府的双重压迫，因而不愿被征服，部分贵族也不甘屈从罗马的统治，他们时常领导人民进行反罗马的斗争，这些曾一度使罗马统治阶级惊慌失措。然而这些局部斗争并没有动摇罗马对高卢的统治，统治者随后开始采用怀柔安抚手段，这加快了高卢贵族与罗马奴隶主阶级融为一体的过程。同时，罗马政府赋予高卢地方政府一些有限的自主权，授予高卢居民罗马公民权，以此缓和高卢人与罗马统治者的矛盾。通过这些措施，罗马在没有直接军事移民的条件下，在高卢建立了较为稳定的社会秩序。

为了镇压高卢境内的反抗斗争，为了便于调动驻扎军队，同时为了对付东北边境上日耳曼人的进逼，罗马在高卢原有的基础上修筑了较为完备的道路系统。公元前39年至公元16年，高卢境内建成了以鲁格敦为中心，贯穿全境的4条干线；并把内河运输联系起来，形成以罗纳河和索恩河为干道，联结大西洋和地中海的水路运输网。纵横成网的河道和大路，为加速高卢各部的政治统一及经济发展提供了有利条件。

高卢地区在被征服的过程中进入了阶级社会，基本结束了部族间纷争不息的动荡局面，形成了奴隶制生产关系。在被纳入罗马帝国统治的200年里，社会环境较为安定，高卢经济和文化获得明显发展。公元初几个世纪中，高卢的手工业生产以小型作坊为主，带有家庭工业的性质，规模较小，设备简陋，作坊主使用一两个奴隶或雇佣少量自由劳动者进行生产。然而丰富的天然资源、方便的交通网和广阔市场所提供的良好条件，使高卢进入奴隶社会后取代意大利成为罗马帝国西方诸行省中经济上最重要的地区。

罗马征服高卢后，凯尔特人原有的寨堡部分毁于战火，另一些随着经济发展逐步成为城市。同时，陆续出现一批由外来移民建立的新城镇。高卢城镇在布局和建筑风格上吸收了罗马城市的特点：街道笔直、整齐，呈南北、东西走向；市中心通常会建造一个大广场，以及包括政府机关、神庙、竞技场、浴场在内的一批公共建筑；周围是店铺、作坊、民房和富人的住宅；城市筑有坚固的围墙和宏伟的城门。至5世纪，高卢境内有100多座城镇，成为当地的行政中心或手工业生产中心。这些城市和建筑是古罗马和古高卢人民智慧和创造力的结晶。许多遗迹，如尼姆和阿尔的圆形竞技场、奥朗日的凯旋门、奥顿和特里夫斯的拱门等，至今都是法国的文化名胜。

公元14年，屋大维离世。他的儿子和孙子都先于他去世，于是他的继子提比略成了唯一的继承人。屋大维奥古斯都的称号以及各地行省的军队，还有屋大维生前所拥有的一切权力，都归属了提比略。元老院为了尊重屋大维这个了不起的奥古斯都，投票让屋大维变成一个神（通过投票选举成神，这是当时的一个传统）。奥古斯都成了罗马的实际掌权者，这个头衔被继承人传递了下去，直至公元三世纪中期的帝国危机。奥古斯都的称号，在未来的1 500年中成为无数当权者追求的目标。

第三节　罗马公民权惠及高卢

朱里亚·克劳狄是前期罗马帝国的第一个王朝，从提比略开始，历经了四帝。提比略基本上延续了屋大维的统治政策；卡利古拉以专制独裁著称，最后被近卫军暗杀；克劳狄乌斯则是这个王朝比较有作为的皇帝；尼禄实施暴政，公元 68 年人民起义爆发，尼禄被迫自杀，克劳狄王朝宣告结束。本节内容着重讲述克劳狄乌斯在位期间对高卢的统治。

克劳狄乌斯

（前 10—54）（41—54 在位）

公元前 10 年，克劳狄乌斯出生于罗马行省高卢的首府鲁恩，他的父亲德鲁素斯是该省的总督。他出身高贵，但饱受病痛折磨，这让他行动迟缓，内向腼腆。当皇帝卡利古拉被暗杀的时候，50 多岁的克劳狄乌斯（卡利古亚的叔父）恰巧目睹了一切，吓得躲在窗帘后面。近卫军发现后，看到他一副胆小懦弱的样子，就留了他活命。卡利古拉遇刺身亡，元老院的元老们为了新皇帝人选争执不下，此时近卫军们竟然莫名其妙地拥立克劳狄乌斯为皇帝，军营里的士兵也不断高呼着克劳狄乌斯的名字，议事厅里的元老们一时间竟有些不知所措。近卫军和士兵们拥有强大的武装，他们的意志不能轻易违背，元老们不得不把元首惯有的权力和头衔授予了克劳狄乌斯。

克劳狄乌斯当政前的皇帝胡作非为，罗马帝国事实上已经深陷危机，整个国家处在一个非常危险的境地。克劳狄乌斯登上王位之后，他处理问题时所表现出来的信心、意志和智慧令世人赞叹不已。他登上帝位后做的第一件事就是重赏近卫军，感谢他们的拥戴。皇帝与军队之间的紧张关系因而得以缓解。面对元老院，克劳狄乌斯采取了宽容与合作的姿态，故而双方建立了良好关系。这些措施在国家政治生活中创造了一种可喜的团结氛围。此外，克劳狄乌斯非常重视与民众的关系，他宣布废除一些不合理的赋税，向行省居民赠送公民权，提高他们的政治地位，夯实了帝国统治的基础。公元 48 年，克劳狄乌斯授予高卢贵族罗马公民权，又将一些贵族补充进罗马元老院，还培植了一些高卢贵族，让他们担任行政机关的官员，在罗马的监督和帮助下管理地方事务，或让他们担任由高卢人组成的罗马辅助部队的司令,而且明文规定:高卢居民凡志愿加入罗马军团者,一入伍就取得罗马公民权,退役后能获得土地和养老金,成为当地显贵。

第四节 以蛮治蛮,引狼入室

罗马帝国四通八达的大道、繁华的城市、富裕的庄园让罗马周边的蛮族艳羡不已。然而,合久必分,在经历了几个世纪的辉煌之后,罗马帝国开始进入衰退期,许多行省纷纷开始闹独立。公元283年,高卢国内爆发了"巴高达起义①"。战士们趁着罗马帝国内乱,建立了自己的军队,他们驱逐了庄园主,虽然最终被镇压,但也暴露了罗马帝国的颓势。帝国统治末期,由于国力衰弱,时常会雇佣一些蛮族人,尤其是雇佣一些日耳曼人到罗马的军团里行军打仗。这些蛮族人目睹了罗马的繁华,激发出他们占有财富的欲望。与此同时,蛮族地盘的另一端,是当时被东方汉朝击退而被迫西迁的匈奴人,这些匈奴人远比日耳曼人更加野蛮。蛮族人打不过匈奴人,于是就把枪头转向日渐衰败的罗马。367年,日耳曼人的一支——西哥特人,得到罗马皇帝的批准,渡过多瑙河,以"同盟者"的身份定居在罗马帝国的北部。西哥特人为了躲避匈奴人,迁入罗马,而罗马人则想利用西哥特人来保卫罗马帝国的边境,双方各怀心事,各有掣肘。在亚德里亚纳堡一战中,西哥特人向罗马军队发起突袭,罗马军大败,皇帝瓦伦特阵亡。410年,西哥特人在首领阿拉里克的率领下,攻陷罗马城。西哥特人一路向西攻打,最后在高卢南部建立西哥特王国,首都定在图卢兹。为了驱赶西哥特人,罗马军团雇佣其他蛮族军队,决定以蛮治蛮,最终请来了匈奴王②阿提拉,组成联盟共同讨伐西哥特王国。可是在双方合作过程中,匈奴王的强大和独断让罗马人感觉是引狼入室。

> **阿提拉(406—453)**
>
> 古代欧亚大陆匈奴人的领袖和皇帝,欧洲人称之为"上帝之鞭"。

---

① 巴高达即Bagaudae,高卢语意为"战士"。
② 匈奴王指匈人之王。匈人是古代的一个游牧民族,他们生活在欧亚大陆交界处,公元4世纪西迁,并着力入侵东、西罗马帝国。

下面我们来介绍一下这位匈奴王阿提拉,他生于公元406年,12岁时,他被作为议和条约中的人质送到罗马宫廷。在罗马宫廷中,阿提拉接受了良好的教育,学习到罗马人的传统和习俗和他们奢华的生活方式。罗马人希望借此能把罗马文化推广到匈人领地,以增加罗马对周边民族的影响力,而匈人则希望通过人质,获取更多的罗马内部情报。阿提拉在罗马时,把注意力集中在研究罗马内部结构上,并专注研究罗马的内政及外交政策,这些对后来阿提拉对匈人的统治,以至于他对罗马的征战都有极大的帮助。

公元447年,阿提拉首先对拜占庭发动入侵,只用了一年的时间就杀到了君士坦丁堡。公元448年至450年,匈人帝国在阿提拉的带领下,版图达到了盛极的地步:东起咸海,西至大西洋海岸;南起多瑙河,北至波罗的海①。在这广大疆域之中,有众多附属国,各附属国拥有各自的国王和部落酋长,平日里皆对匈奴王俯首称臣,缴贡纳赋;如遇战事,皆可由匈奴王调用差遣。

公元451年,阿提拉发起了对西罗马的征伐。3月,匈人渡过莱茵河,4月初攻陷高卢最古老和最重要的都市之一梅兹城,4月下旬抵达了卢特提亚②城郊,这里就是后来的巴黎。卢特提亚的主教日耳曼颇有智谋,他派了一个七岁小女孩日内维耶去找阿提拉,并送上一封信,信上说:"我最尊敬的匈奴王,您的盖世神功无人能敌,您的尊贵地位无人能及,我不过是一个小小的主教,实在没有任何功勋建树能够让我与您进行谈判,甚至我的城里也无人能够与您这样一个普照大地的太阳神谈判,我们只是期盼能够沐浴在您的光辉之中!我将一位小小的天使派到您的跟前,她是我们整座城池的代表,我们的一切全部交予您和我们的小天使,我知道陛下您就像太阳一样,普照生灵。"③阿提拉读过信之后,让人把送信的小女孩带到跟前,询问她想要怎样的回复。小女孩回答说,希望她的家园和送给陛下的信一样完整。阿提拉满足了小女孩的要求,这座城市终于免遭屠戮,日耳曼主教因此被教廷封圣,即"圣日耳曼",后来成为巴黎市的保护神。

第五节　欧洲各族人民会战

公元450年下半年,匈奴王阿提拉要求西罗马帝国割让一半领土,但遭到拒

---

① 现代意义上而言,匈人帝国的领土包括德国大部分、中欧、巴尔干和乌克兰。
② 原意是"被水围绕的地方"。
③ 王春永,文朝利.你可能不知道的法国[M].北京:中国发展出版社,2008,第14页。

绝。翌年初,匈奴人联合东哥特人、格皮德人等盟军约 4.5 万人,分兵三路向巴黎、奥尔良进逼。西罗马最出色的将领埃迪亚斯将他的所有兵力集结起来,联合墨洛温领导的法兰克人和西哥特王国、勃艮第王国以及其他居住在高卢的民族,约 4 万人结成同盟抗击匈奴人,御敌于奥尔良。6 月份,阿提拉带领队伍出了特鲁瓦城,与高卢-罗马同盟军在卡塔隆平原①展开了一场血战,史称"卡塔隆平原战役"。

我们看看匈奴军的阵型:中间是最强壮的匈奴人(强);左翼是东哥特人(次强);右翼是格皮德人(弱),布阵目的是让匈奴人像一把尖刀插入敌方阵地。我们再来看看埃提亚斯的阵型:中间是最弱的阿兰人(弱),左翼是生力军西哥特人(次强);右翼是最强的高卢-罗马联军(强)。作战双方根据自己的设想排兵布阵,可结果最为巧合的是,刚好是哥特人对哥特人,日耳曼人对日耳曼人,中亚游牧民族对游牧民族。激战开始后,埃提亚斯命令西哥特人率先发动攻击,抢占了一座小山,在山上可以看到敌方东哥特人的动向,此举占了先机。匈奴人作战勇猛,很快就突破了对方中间的防线,但由于两翼失败,阿提拉陷入了包围之中,当天夜里,匈奴王阿提拉决定迅速撤兵,并安全撤离。

卡塔隆平原战役,是一场决定欧洲命运的大战,大半个欧洲的民族都派出部队参加此次会战,它扭转了整个欧洲的历史进程,又被称为"各族人民会战"。英国学者克瑞西勋爵称之为"世界史上最重要的 15 次会战之一",因为它"阻止了欧洲野蛮化",这也是西罗马帝国在历史上获得的最后一次辉煌胜利。

匈奴人在高卢首次遭受失败,而阿提拉本人也以一种戏剧式的方式,走到了生命的尽头。公元 453 年的一天,阿提拉与一位日耳曼少女伊尔迪科举行了盛大的婚礼。第二天清晨,人们发现他在酩酊大醉中与世长辞。他的死因成了历史谜团,或者是被新娘谋害,抑或因疾病突发而亡。

阿提拉去世之后,匈奴帝国陷入内讧,对欧洲再无威胁。公元 469 年,匈奴帝国最终灭亡。随后,罗马-高卢联军解散,西哥特将领因国内事务匆忙率军回国。会战结束后的第二年,埃迪亚斯因为罗马事务也离开高卢,这样一来,北高卢慢慢变成法兰克人墨洛温的势力范围。从此以后,高卢的历史将出现一个伟大的转折,法国历史上第一个王朝——墨洛温王朝即将诞生。

---

① 卡塔隆平原位于法国东北部,特鲁瓦城以西。

第六节 西欧进入中世纪

传统上讲,欧洲的历史分为三个阶段,第一阶段是"古典时代",它被划分为古风时期、古典希腊时代、希腊化时代、罗马共和国、罗马帝国和古典时代晚期;第二阶段是"中世纪",被划分为中世纪前期、中世纪中期和中世纪后期,这三个时期的划分其实并没有很硬性的事件和时间界定;第三阶段即"近现代",其中近代被划分为文艺复兴时期、第一次工业革命、第二次工业革命和第一次世界大战时期。现代又被划分为苏联时期、第二次世界大战和战后格局。

公元 476 年西罗马帝国灭亡,这标志着西欧进入中世纪。1453 年西欧资本主义抬头,于是中世纪终结,开始了文艺复兴时期。这个历史阶段之所以被称为中世纪,是因为它处于奴隶制崩溃和资本主义制度兴起之间,其实就是指西方社会的封建时代。如果非要有一个细致划分的话,我们认为从 476 到 1050 年是中世纪前期,在这五个半世纪里,基督教在西方世界兴起,教皇制度发展成一个强大的政治实体;中世纪中期被认为是中世纪的鼎盛期,是指从 1050 到 1300 年。这三个世纪中,欧洲几乎每一个角落都被基督教化了,西欧各国大肆向外扩张领土,国王(世俗首领)与教皇(宗教首领)之间时而联盟、时而纷争。中世纪末期,是指从公元 1300 至 1453 年(关于中世纪结束的时间,历史学家争议不断,有的认为是 1500 年结束,也有的认为是 1650 年结束)。在中世纪最后的这一个半世纪中,欧洲战事不断,15 世纪爆发的黑死病侵袭了欧洲三分之一的人口,这尤其颠覆了民众对宗教的虔诚信念,宗教价值衰退,社会动荡不安,人文主义兴起,资本主义产生萌芽。

本书展开的重点是中世纪时期的法国。我们先初步了解一下法国进入中世纪之前,西欧的大致情形。公元前 27 年至公元 476 年,罗马帝国建立了以今天的意大利为中心的古代帝国,它以屋大维获"奥古斯都"称号为开始标志,是古代罗马文明的一个阶段。罗马帝国一般又被分为黄金时期的前期帝国(前 27—192)和危机四伏的后期帝国(193—476)两个阶段。

图拉真(98—117 在位),他是第一个出身行省贵族的皇帝。在他统治期间,罗马帝国达到鼎盛,经济空前繁荣,疆域达到最大,控制了大约 500 万平方公里的土地:西起西班牙、高卢与不列颠,东到幼发拉底河上游,南至非洲北部,北达莱茵河与多瑙河一带,地中海成为罗马帝国的内海。

　　到了公元 3 世纪，罗马帝国盛极而衰，匈奴人的攻击，加速了它的分崩离析。公元 395 年，罗马皇帝狄奥多西在临终前将帝国分成东西两部，分别留给两个儿子继承。因此，罗马帝国分裂为以罗马城为首府的西罗马和以君士坦丁堡为中心的拜占庭，实力进一步削弱。此后，两个罗马帝国走上了不同的历史道路：西罗马帝国在外来"蛮族"的打击下逐渐衰败。公元 476 年，日耳曼军队再次入侵，末代皇帝罗慕路斯被废黜，西罗马帝国遂告灭亡。西罗马帝国的灭亡标志着西欧古代历史的终结和中世纪历史时期的开始。而东罗马帝国此后又延续了近千年，一直到公元 1453 年才被奥斯曼帝国所灭。

第二章
统一与分裂交错的墨洛温王朝
（481—751）

公元 5 世纪初，高卢西南部盘踞着西哥特人，在武耶战役中，西哥特人被法兰克人打败，退到西班牙；勃艮第人则占领着高卢东南部，他们以里昂为首都，建立了勃艮第王国。6 世纪初，勃艮第王国被法兰克王国吞并；最强大的法兰克部族雄踞高卢北部。除此之外，还有其他部族：5 世纪至 7 世纪，布列顿人部族从不列颠岛迁居高卢西部的阿莫里克半岛，这里后来被称为布列塔尼；在高卢东部，阿勒曼人定居在阿尔萨斯；9 世纪至 10 世纪，斯堪的那维亚半岛的诺曼人入侵法国，在诺曼底定居下来。这就是构成近代法兰西民族的全部部族，他们定居在高卢，仍然保持着自己的法律、语言和风俗习惯，于是形成了多样的文化传统，并被长期保存下来。

下面我们详细谈谈法兰克人的由来。日耳曼人分为东西两个部落，东日耳曼部落又有两个分支，西哥特人和东哥特人，法兰克人属于西日耳曼部落。公元 5 世纪早期，法兰克人沿着莱茵河扩展到罗马所控制的高卢，与其他日耳曼部落不同的是，他们在扩张的同时，并没有撤离故居。法兰克人的酋长墨洛维与他的儿子奇尔德里克、孙子克洛维励精图治，成功地统一了法兰克，成为西欧大部分地区的统治者。在接下来的一千年里，这个法兰克人的王国逐渐演变成法兰西王国、意大利王国和德意志第一帝国。

第一节　伟大的法兰克王

公元 466 年，法兰克王后诞下了一个男婴，国王奇尔德里克为他取名克洛维，这将是一个名垂青史的名字。克洛维雄才伟略，抱负远大，年少时便时常跟随父亲南征北战,这让英俊健壮的克洛维获得了成为一个国王必须有的勇气和智慧。476 年西罗马帝国灭亡,481 年父亲奇尔德里克去世,15 岁的克洛维成了法兰克人的王。

(一)取得苏瓦松战役的胜利

486 年,克洛维已经成为一位受臣民敬仰、令敌人惧怕的部落首领,他逐渐熟悉国家的运作机制,在他的领导下,法兰克人逐渐强大起来。为了彻底清除罗马帝国的残余势力,克洛维率领大军从高卢北部出发,向盘踞在高卢南

『第 1 任国王』
克洛维一世(466—511)(法兰克王国国王 481—511)

部的罗马军队发起进攻,双方在苏瓦松地区①展开了激战。战斗伊始,克洛维身先士卒,冲向敌阵,这让原本英勇善战的法兰克将士更加热血沸腾,他们铆足劲头,奋勇杀敌。当时罗马帝国在高卢的最后一任总督西阿格里乌斯,被迫向南逃到图卢兹,结果被西哥特人戴上镣铐遣送给克洛维,法兰克人在苏瓦松战役中大获全胜。苏瓦松战役是欧洲历史的转折点。从此以后克洛维占据整个北部高卢,他以苏瓦松为中心,建立了一个独立的国家,这一年被认为是法兰克王国的开国之年。

这里有个著名的"苏瓦松花瓶"故事。克洛维在继承父亲的王位后,收到了兰斯大主教圣雷米吉乌斯的祝贺信。为了保持与大主教的友好关系,克洛维在攻下苏瓦松之后,决定把之前从兰斯教堂里抢来的一只花瓶还给兰斯大主教。这只花瓶原本是教区珍藏的神器,工艺非常精湛。可是按照当时的规矩,所有的战利品必须由每位参战者抽签分配。根据图尔历史学家格雷戈里的说法,有一名士兵对克洛维在征服苏瓦松之后不允许过分掠夺城市而感到不满,于是就用斧头将花瓶砍碎,并对克洛维说:"你只会得到命运允许你的分享。"克洛维当下冷静地接受了这一挑衅。第二年 3 月,在审阅部队时,克洛维又遇到了那名士兵,忽然高声痛斥他的武器保管不当,不等对方分说,立即举起斧头将那名士兵的头骨砍裂②。这一斧头下去,为克洛维开创了一个新时代所必需的权威,从此以后士兵们再也没有人敢违抗他的命令。

---

① 位于今法国巴黎南部。
② 王春永,文朝利.你可能不知道的法国[M].北京:中国发展出版社,2008,第 19 页。

（二）克洛维结缘基督教

勃艮第公主克洛蒂尔，是一位虔诚的基督徒，举止脱俗，容貌清丽，言语之间略带一丝忧郁，这一切让克洛维为之着迷。克洛维隆重地迎娶了这位公主，而与她一同到来的还有公主所笃信的基督教。在婚后的生活中，克洛蒂尔不断地为克洛维解说基督教义，但是身为异教徒的克洛维对上帝仍持有怀疑态度。

他们婚后第三年，即公元 496 年，阿勒曼人跨过莱茵河进犯法兰克，两军在今天德国的科隆附近发生拉锯战，克洛维身陷困圄。相传，在此危急之际，克洛维想到了妻子笃信的上帝，他向上帝求助，而奇迹发生了，阿勒曼军中突然发生内乱，士兵们杀死自己的国王，全部向克洛维投降。

克洛维神奇地脱离险境，深刻地体验到上帝的力量。他信守诺言，在同年圣诞节，率众在兰斯接受雷米主教的洗礼，承认上帝是他所信仰的唯一神，以圣父、圣子和圣灵的名义接受了洗礼，从此皈依基督教，放弃了日耳曼人信奉的阿里乌教。

直至如今，在法国的兰斯大教堂里，教堂大厅正厅的地面上有一块石砖，上面用拉丁文刻着这样的字样：

　　"ICI 在这里
　　SAINT REMI 圣雷米
　　BAPTISA CLOVIS 施礼克洛维
　　ROI DES FRANCS 法兰克人的王"。

　　克洛维皈依基督教,体现了一个政治家的长远目光。当时西罗马帝国灭亡了,但罗马教会仍然非常有影响力,他们急需在众多部族中找到一个支柱,而克洛维顺势就成了这个支柱。

(三) 统一的法兰克王国

　　基督教是罗马帝国的主要宗教信仰,克洛维的皈依进一步巩固了日耳曼人对高卢人民的统治。克洛维与教皇结盟,成为基督教会的保护者。公元 500 年,克洛维以"征服异教徒"的名义,出征勃艮第王国。勃艮第王国由两兄弟共同管理,但是两兄弟纷争不断,弟弟企图利用克洛维赶走自己的哥哥,结果引狼入室,两兄弟都被击败,于是克洛维征服了勃艮第王国。507 年,克洛维发动了一场反对西哥特人的战争,双方在普瓦捷附近的武耶开战。西哥特人被彻底打败,国王阿拉里克二世在战斗中被克洛维所杀,西哥特人被赶出高卢,逃到西班牙。至此,克洛维已经征服高卢大部分地区。508 年,克洛维接受东罗马皇帝授予的执政官称号,成为高卢地区名正言顺的国王,建立了法兰克王国。可惜王国建立没几年,克洛维就去世了,享年 46 岁。

　　克洛维是墨洛温王朝的创始人,他的祖父是日耳曼一个部族的酋长叫作墨洛维,因此这个部落被称为"墨洛维的儿子",用拉丁文表达就是"墨洛温"。王朝建立之后,被称为"墨洛温王朝"。

第二节　王国的三次分裂

　　从克洛维一世开始,每一任墨洛温王朝的国王,都习惯性地在死后把领土当作家产平分给几个儿子,导致王国长期处于分裂状态。

　　克洛维去世后,他把王国留给了四个儿子:长子蒂埃利(兰斯王国,以梅兹为中心)、次子克洛多米尔(奥尔良王国,以奥尔良为中心)、三子希尔德贝尔(巴黎王

『第2任国王』
克洛泰尔一世(500—561)(法兰克王国国王 511—561)

国,以巴黎为中心)、四子克洛泰尔(苏瓦松王国,以苏瓦松为中心)。强大的王国被分成四块。他们互相争斗,混战了47年。

524年,在一次讨伐勃艮第人的战争中,老二中了敌人的埋伏而阵亡。老大弃战事于不顾,匆匆赶回国,联合老四克洛泰尔杀死老二的儿子,并一起瓜分了克洛多米尔生前的领地奥尔良王国,老四克洛泰尔分得了最重要的部分,包括图尔、普瓦捷等城市,成为奥尔良国王。

从532年开始,克洛泰尔和两位兄长一起讨伐勃艮第人,于534年正式灭亡了第一勃艮第王国。老四克洛泰尔分得勃艮第南部,包括格勒诺布尔、迪等重要城市。后来,东哥特人将普罗旺斯割让给法兰克人,克洛泰尔分得了奥朗日、卡庞特拉和加普等城市。

老大寿终正寝之后,老大的儿子汲取了先前的教训,迅速站稳阵脚,守住领地。555年,老大的孙子去世,老四克洛泰尔趁势吞并了兰斯王国,成为兰斯国王。

558年,老三希尔德贝尔去世,老四克洛泰尔又吞并了巴黎王国,就这样,经过47年的分裂,法兰克王国终于再度统一。克洛泰尔成为法兰克人唯一的国王。另外克洛泰尔还远征萨克森,把领土扩张到今日的德国境内,强迫萨克森人(也称撒克逊人),每年向他进贡500头牛。

克洛泰尔一世费尽心力,终于再度统一了法兰克王国。

克洛泰尔一世死后,他的四个儿子又一次将法兰克王国瓜分,分别是巴黎王查理贝尔特一世、奥尔良王(勃艮第国王)贡特朗、梅斯王(奥斯特拉西亚国王)西格伯特一世与苏瓦松王(纽斯特里亚国王)希尔佩里克一世。这一次的分裂给法兰克王国造成了致命性的伤害,而且彼此纷争不断,可谓千头万绪。参看下表。

克洛泰尔一世子孙之间的纷争

克洛泰尔一世的儿子们			
巴黎王 查理贝尔特一世	奥尔良王 (勃艮第国王) 贡特朗	梅斯王 (奥斯特拉西亚国王) 西格伯特一世	苏瓦松王 (纽斯特里亚国王) 希尔佩里克一世

克洛泰尔一世的儿子们			
567 年,查理贝尔特一世去世(由于受到天主教绝罚,所以他的子嗣丧失了对巴黎的继承权)	贡特朗	内战,长达 40 多年。	
—	贡特朗	575 年,西格伯特一世去世,享年 40 岁。西格伯特一世死后,奥斯特拉西亚王位由他 5 岁的儿子希尔德贝尔特二世继承。	希尔佩里克一世
—	贡特朗插手,使两国(奥斯特拉西亚和纽斯特里亚)保持和平。	年幼的希尔德贝尔特二世	希尔佩里克一世
—	贡特朗庇护纽斯特里亚,企图成为克洛泰尔二世的摄政。	希尔德贝尔特二世	584 年,希尔佩里克一世去世,享年 45 岁。纽斯特里亚贵族发生了暴动,剩下了未满周岁的克洛泰尔二世和他的母亲弗雷德贡德。
—			弗雷德贡德在纽斯特里亚贵族们的欢呼中,成为克洛泰尔二世的摄政。
—	587 年贡特朗遇刺重伤 他与希尔德贝尔特二世签署《安迪罗斯条约》,承认希尔德贝尔特二世是自己的继承人。 592 年,贡特朗去世,享年 51 岁。	希尔德贝尔特二世	克洛泰尔二世
—	希尔德贝尔特二世 595 年时死亡,享年 25 岁		克洛泰尔二世
—	次子提奥德里克二世(8 岁)继承勃艮第王位	长子提奥德贝尔特二世(9 岁)继承奥斯特拉西亚王位	克洛泰尔二世

克洛泰尔一世的儿子们			
—	612年提奥德里克二世战胜提奥德贝尔特二世之后,随即神秘死亡。		克洛泰尔二世
—	勃艮第的贵族	奥斯特拉西亚贵族	克洛泰尔二世
—	两国贵族抛弃了提奥德里克二世的子嗣,邀请克洛泰尔二世来当任奥斯特拉西亚与勃艮第的国王(背叛并将提奥德里克二世的子嗣出卖给克洛泰尔二世的奥斯特拉西亚贵族中,有两个人值得注意,梅斯主教圣·阿努尔夫,以及老丕平,他们分别是查理大帝的曾曾曾祖父与曾曾曾外祖父。)		克洛泰尔二世
613年,克洛泰尔二世			
公元623年,由于不满克洛泰尔二世任用纽斯特里亚的顾问统治奥斯特拉西亚,奥斯特拉西亚王国在以老丕平为首的贵族威胁下,迫使克洛泰尔二世提前将奥斯特拉西亚王国封给自己18岁的儿子,达格伯特一世。			
克洛泰尔二世	达格伯特一世		克洛泰尔二世
629年,克洛泰尔二世去世,享年45岁。 法兰克王国大部被29岁的达格伯特一世继承; 南方被克洛泰尔二世另一个儿子,也是勃艮第宫相的外甥,22岁的查理贝尔特二世继承,即阿基坦国王。			
达格伯特一世和查理贝尔特二世(阿基坦国王)			
达格伯特一世	634年将自己3岁的儿子西格伯特三世册封为奥斯特拉西亚国王。 达格伯特一世选择了主教阿达尔戈塞尔作为宫相以及摄政。		达格伯特一世
639年,达格伯特一世遇刺身亡	西格伯特三世		639年,达格伯特一世遇刺身亡
同年,勃艮第宫相冈多兰离世	同年,奥斯特拉西亚宫相兼摄政的阿达尔戈塞尔离世		同年,纽斯特里亚宫相冈多兰离世
拥立达格伯特一世5岁的小儿子克洛维二世作为新的国王	奥斯特拉西亚的新任宫相是老丕平,他继续拥立西格伯特三世作为奥斯特拉西亚国王		拥立达格伯特一世5岁的小儿子克洛维二世作为新的国王
进入懒王时代 ……			

567 年巴黎王查理贝尔特一世最先去世。由于他娶了一对姐妹作为妻子,被天主教绝罚,因此他的子嗣失去了对巴黎王国的继承权,这也造成了这一王室血脉的无据可查。

查理贝尔特一世死后,奥斯特拉西亚国王西格伯特一世与纽斯特里亚国王希尔佩里克一世开始了内战。这场内战持续了四十多年,两人死后,他们的子孙继续争斗,直到分出胜负。内战的起因有很多,比如希尔佩里克一世当初试图独吞克洛泰尔一世的遗产,并且一直对现有的瓜分方案不满,不过妻子的争端也是其中之一。西格伯特一世的妻子,是西哥特公主布伦尼希尔德,她有一个姐姐叫作盖尔斯温莎,嫁给了希尔佩里克

『第 3 任国王』

希尔佩里克一世(539—584)(法兰克王国国王 561—584)上图是希尔佩里克和弗雷德贡德。

一世,结果不到两年就被勒死在床上。西格伯特一世和妻子布伦尼希尔德坚信,盖尔斯温莎是被希尔佩里克一世的下一任妻子弗雷德贡德所杀,兄弟两人因此结下仇恨,并大打出手。575 年,西格伯特一世去世,享年 40 岁。西格伯特一世死后,奥斯特拉西亚由他年仅 5 岁的儿子希尔德贝尔特二世继承。此时勃艮第国王贡特朗唇亡齿寒,他插手奥斯特拉西亚与纽斯特里亚的战争,迫使两国和平,保护住希尔德贝尔特二世的王位,以免自己被希尔佩里克一世吞并。584 年,希尔佩里克一世去世,享年 45 岁。希尔佩里克一世死后,由于希尔佩里克一世的继承者是未满周岁的克洛泰尔二世,因此纽斯特里亚贵族发生暴动,为了寻求庇护,弗雷德贡德被迫抱着婴孩去向贡特朗求助。

贡特朗庇护了弗雷德贡德母子,却监禁了弗雷德贡德,试图让自己成为克洛泰尔二世的摄政,并对纽斯特里亚的贵族采取专横的措施。贡特朗的举措引起贵族们的不满,弗雷德贡德带着幼子在纽斯特里亚贵族们的帮助下逃出监禁地,在一片欢呼中,她成为克洛泰尔二世的摄政。

587 年,贡特朗遇刺受重伤,由于没有男性继承人,同年他与希尔德贝尔特二世签署《安迪罗斯条约》,承认希尔德贝尔特二世是自己的继承人。592 年,贡特朗去世,享年 51 岁。贡特朗死后勃艮第王国由希尔德贝尔特二世继承。但是三年之后,即 595 年,希尔德贝尔特二世莫名其妙地死了,年仅 25 岁。希尔德贝尔特二世

『第 4 任国王』

克洛泰尔二世(584—629)(法
兰克王国国王 613—629)

死后,他的两个儿子瓜分了他的王国。长子提奥德
贝尔特二世(9 岁)继承奥斯特拉西亚,次子提奥德
里克二世(8 岁)继承勃艮第。这兄弟俩在贵族们
的胁迫和利益驱动下,时而合作,时而内战。612
年,提奥德里克二世战胜提奥德贝尔特二世,并将
提奥德贝尔特二世和他的子嗣全杀掉,以保证自己
是奥斯特拉西亚的唯一继承人。在提奥德里克二
世整合奥斯特拉西亚王国,准备消灭克洛泰尔以一
统法兰克时,他却神秘死亡,终年 26 岁。奥斯特拉
西亚与勃艮第的贵族抛弃了提奥德里克二世的子
嗣,邀请克洛泰尔二世担任奥斯特拉西亚与勃艮第
的国王。但这里是"邀请"克洛泰尔二世来当国王,
所以国王在任上的权力受到了极大的限制。但是无论如何,法兰克王国持续四十
多年的内战,在此终于画上了句号。克洛泰尔二世成为法兰克第三个唯一的国王。

此处值得一提的是,背叛提奥德里克二世、并将他的子嗣出卖给克洛泰尔二世
的奥斯特拉西亚贵族中,有两个人值得注意,他们是梅斯主教圣·阿努尔夫与老丕
平,这二人分别是查理大帝的曾曾曾祖父与曾曾曾外祖父。

613 年,克洛泰尔二世成为法兰克唯一的国王,但是由于克洛泰尔二世并非通过
自己的实力统一了法兰克王国,而是奥斯特拉西亚与勃艮第的贵族邀请他当国王。
所以在 614 年,克洛泰尔二世被迫通过了《巴黎诏令》。该诏令总共 27 条,最重要的
是第 11 条:一个地区的伯爵只能在当地贵族中挑选,而不能由国王从宫廷委任,这
使得地方贵族的实力越来越强大。公元 623 年,由于不满克洛泰尔二世任用纽斯特
里亚的顾问统治奥斯特拉西亚,奥斯特拉西亚王国在以老丕平为首的贵族威胁下,迫使
克洛泰尔二世提前将奥斯特拉西亚王国封给自己 18 岁的儿子,即达格伯特一世。

『第 5 任国王』

达格伯特一世(605—639)(法兰克王国国王 623—639)

629 年,克洛泰尔二世去世,享年 45 岁。克洛泰尔二世死后,法兰克王国大

部分被 29 岁的达格伯特一世继承,但是南方被克洛泰尔二世的另一个儿子 22 岁的查理贝尔特二世(勃艮第宫相的外甥)继承,即阿基坦国王。阿基坦国王查理贝尔特二世是墨洛温王朝最后两个擅长打仗的国王之一,他征服了西哥特在阿基坦地区残余的土地。632 年,查理贝尔特二世被刺杀身亡,紧接着他的儿子也不明缘由地死了,于是达格伯特一世就此统一法兰克,成为法兰克唯一的国王。

然而在此时,奥斯特拉西亚贵族们不满达格伯特一世过于偏重纽斯特里亚,要求达格伯特一世效仿克洛泰尔二世,并将自己的儿子册封为奥斯特拉西亚国王。达格伯特一世最初不愿意,结果奥斯特拉西亚的贵族们居然对达格伯特一世进行公开对抗。达格伯特一世迫于压力,最终于 634 年将自己 3 岁的儿子西格伯特三世册封为奥斯特拉西亚国王。不过达格伯特一世仍然留了一手,在奥斯特拉西亚宫相的任命上,他拒绝任用老丕平,而是选取自己信任的主教阿达尔戈塞尔作为宫相以及摄政。

629 年到 638 年,克洛泰尔二世的后代达格伯特一世统治了法兰克王国,这十年期间达格伯特一世着手在新王国内建立秩序,财富大量增加。他通过与西哥特王朝的联姻,获得了现在法兰西南部的朗格多克地区。法兰克王国处于一种表面平静的状态,可是墨洛温王朝的实权逐渐落入了土宫总管"宫相"[①]的手里。后来宫相权力的日益增大,他们不但主持内政,而且还把持外交和指挥军队,成了国家的实际统治者。

> ## 『第 6 任国王』
>
> 克洛维二世(634—657)(法兰克王国国王 639—657)

639 年的一天,达格伯特一世在一棵树下酣睡,有人奉宫相胖子丕平之命,用矛刺进国王的眼窝,34 岁的达格伯特一世就这样惨然离世。同年,辅佐达格伯特一世担任纽斯特里亚与勃艮第宫相二十多年的冈多兰死了,被达格伯特一世委任到奥斯

[①] 这里我们介绍一下宫相的概念。宫相,是法兰克王国墨洛温王朝的宫廷总管,起初宫相的权力比较有限,只是掌管宫廷的财务和王室地产上的收入。

特拉西亚作为宫相兼摄政的阿达尔戈塞尔也死了。阿达尔戈塞尔死后,奥斯特拉西亚的新任宫相是老丕平,他继续拥立西格伯特三世作为奥斯特拉西亚国王。而纽斯特里亚与勃艮第则拥立达格伯特一世5岁的小儿子克洛维二世作为新的国王。

达格伯特一世暗杀事件宣告了墨洛温时代的终结。国王达格伯特死后,王国陷入第三次分裂。在长期混战中,王权逐步削弱,实权落到掌管宫廷事务和王室地产的宫相手中,国王成了摆设,法兰克王国进入懒王时代。从此以后,宫相成为王国的实际统治者。

墨洛温王朝,百姓生活困苦,疾病横行,战乱不断,人均寿命很短,只有45岁左右。在这种情况下,百姓只能从教会的信仰中寻求慰藉,教会因而得到一定程度的发展。

第三节　宫相之间的角逐

公元7世纪,法兰克王国实际上分成了奥斯特拉西亚、纽斯特里亚和勃艮第三大势力。这三个势力的大贵族掌握了实权,都推举自己的宫相,各自管理政务,法兰克王国的国王实际上成了傀儡。

赫斯塔尔·丕平,即丕平二世,他是老丕平的外孙。680年,鉴于奥斯特拉西亚贵族的推举,赫斯塔尔·丕平被任命为奥斯特拉西亚宫相。为了争夺在法兰克王国的霸权,他伙同自己的兄弟拉昂公爵马丁一起,与野心勃勃的纽斯特里亚宫相埃布罗恩发生冲突。埃布罗恩在奥斯特拉西亚的卢柯法奥击败赫斯塔尔·丕平和拉昂公爵马丁的联军,几乎控制了全法兰克王国。但是,681年,埃布罗恩被政敌们联合暗杀了,他死后,瓦拉通继任纽斯特里亚宫相,赫斯塔尔·丕平则趁机与瓦拉通签署了和平协议,法兰克王国迎来了短暂的平静。然而,686年,纽斯特里亚宫相瓦拉通去世,瓦拉通的继任者贝尔塔尔(瓦拉通的女婿)重新挑起奥斯特拉西亚和纽斯特里亚之间的冲突。当时的法兰克国王是狄奥德里克三世,他身兼奥斯特拉西亚、纽斯特里亚、勃艮第国王,但是他的出生和成长都是在纽斯特里亚,因此内心里偏向纽斯特里亚。687年,纽斯特里亚和勃艮第的贵族在宫相贝尔塔尔和国王的率领下入侵奥斯特拉西亚,但在索姆河畔的特垂,他们被赫斯塔尔·丕平击败。贝尔塔尔和狄奥德里克三世撤回巴黎,赫斯塔尔·丕平迫使他们签订了一个和平协议,该协定的条件是贝尔塔尔离开纽斯特里亚王国宫相的位置,赫斯塔尔·丕平任命他忠实的追随者诺德伯特为他在纽斯特里亚和勃艮第的代表,国王狄奥德里克三世被迫承认赫斯塔尔·丕平为全国唯一的宫相。

墨洛温王朝的国王在特垂战役中被击败,墨洛温王室的权威被进一步削弱。奥斯特拉西亚取得在法兰克王国无可争议的霸主地位,这为后来的向东征服和建立以亚琛为中心的加洛林王朝打下了坚实的基础。随后,赫斯塔尔·丕平自称为"全法兰克的公爵和郡王",确立了丕平家族和阿诺夫家族在法兰克王国无可争议的统治地位。公元 695 年,赫斯塔尔的丕平任命他的长子卓戈为勃艮第宫相,任命他的另一个儿子小格里莫尔德为纽斯特里亚宫相,借此增强对勃艮第和纽斯特里亚的控制。

为了简明了解这段历史,请参看下表:

年份	奥斯特拉西亚掌权者	纽斯特里亚掌权者	勃艮第掌权者	备　注
680 年	宫相 赫斯塔尔·丕平	宫相 埃布罗恩	—	—
681 年	宫相 赫斯塔尔·丕平	埃布罗恩被暗杀 瓦拉通继任宫相	—	—
686 年	宫相 赫斯塔尔·丕平	瓦拉通去世 女婿贝尔塔尔继任宫相	勃艮第国王 狄奥德里克三世	—
687 年	宫相 赫斯塔尔·丕平	赫斯塔尔·丕平的下属诺德伯特	赫斯塔尔·丕平的下属诺德伯特	在索姆河畔的特垂,赫斯塔尔·丕平击败其他两方,成为全国唯一的宫相
695 年	宫相 赫斯塔尔·丕平	赫斯塔尔·丕平的另一个儿子小格里莫尔德	赫斯塔尔·丕平的长子卓戈	—
714 年	赫斯塔尔·丕平的私生子,查理·马特继任宫相	—	—	赫斯塔尔·丕平去世,王国混乱
715 年	查理·马特			统一王国

公元 714 年 12 月 16 日赫斯塔尔·丕平在居皮勒[①]去世,享年 79 岁。生前被

---

① 居皮勒位于今天的比利时境内。

查理·马特(688—741)

受压制的勃艮第和纽斯特里亚贵族们心有不甘，企图夺回他们的权力和荣耀。

715 年，赫斯塔尔·丕平的私生子查理·马特继任宫相，他模仿罗马军团建立起一支由自由农民组成的强大步兵，奋力击败各地的割据势力和地方贵族的叛乱，重新统一了纽斯特里亚、勃艮第和阿基坦等地，并成为国家的实际统治者。在此期间，查理·马特建立起一支强大的骑兵。

第四节　都尔之战的胜利

当时的法兰克王国，除了内部贵族叛乱之外，还有外族入侵的威胁。萨克森人攻入莱茵地区的法兰克尼亚；阿瓦尔人挺进巴伐利亚；自从穆罕默德创立伊斯兰教以来，原本一盘散沙的阿拉伯人，因为这位圣人团结起来，他们来势汹汹，似乎整个欧洲都无人能阻挡他们前进的脚步。公元 711 年阿拉伯人征服西班牙，720 年越过比利牛斯山脉，夺取纳尔榜地区，继续北进，攻入法兰克王国的阿基坦。由阿拉伯名将阿卜德·拉赫曼统率的骑兵，粉碎了当地贵族的抵抗，长驱直入，直抵普瓦捷。732 年 10 月，两军在今法国境内罗纳河之南、都尔与普瓦捷之间的原野上发生激战。查理·马特率领一支由奥斯特拉西亚小地主和富裕农民组成的军队来到都尔，他在出发前写信嘱托阿基坦欧多公爵要沉住气，静待时机，欧多公爵缩在普瓦捷和都尔城中，坚决不与阿拉伯人交战，这时查理·马特则率军从后方切断了阿拉伯人的补给线。阿拉伯军进退维谷，而且由于沿途劫掠了很多财物，士卒无心恋战，主帅阿卜德·拉赫曼终于决定带着之前抢来的战利品撤退。而此时查理·马特大军已经占据了有利的地理位置，手持巨型方盾和长矛组成一条坚固的防线。阿拉伯军的主力是轻骑兵，这些骑兵不穿铠甲，不用弓箭，机动力非常强，但是防御性差。阿拉伯 5 万骑兵和法兰克 7 万大军在平原上展开殊死搏斗，这时欧多公爵也从城里冲出来，从侧翼直扑阿拉伯军后方的阵地。第二天清晨，欧多公爵向查理·马特提出要领兵追击阿拉伯人，查理·马特当即拒绝了他的要求。他有多种考虑，首先，他害怕如果继续追击，很有可能陷入阿拉伯人的诱敌深入之计；其次，作为精明的政治家,查理·马特意识到只要阿拉伯势力滞留在西班牙,就可以有力地牵制欧洲。

都尔之战(又称普瓦捷战役)是世界历史上著名的战役之一。它捍卫了法兰克王国的独立,阻止了阿拉伯人向西欧的继续深入。它是一场决定整个人类西方文明命运的决战,对人类历史产生了重大影响。随着732年都尔之战的惨败,以阿拉伯人为代表的伊斯兰教势力对欧洲的进攻结束,这直接保证了西方文明尤其是基督教文明的生存和发展;同时法兰克王国在都尔之战的胜利直接强有力地支援了东罗马帝国的反击。当时东罗马帝国是整个西方文明硕果仅存的一支,古罗马和古希腊文明在东罗马得到完整继承和发展。如果西方文明在东罗马被灭亡,就不可能有后世以古希腊文明为核心的改变世界命运的文艺复兴运动。而且,随着都尔之战的胜利,查理名声大振,获得了"马特"(意为锤子)的称号。之后,查理·马特继续镇压了法兰克王国南部的叛乱,在北方又屡次打败萨克森人和弗里斯人的进攻,他通过一系列的战争把法兰克王国的版图扩展到东起威塞尔河,西抵大西洋,西南接比利牛斯山,北至北海,使法兰克成为一个强大的国家。他把法兰克王国的最高统治权操纵在手中,这为他的后人的进一步扩张奠定了基础。

第五节　采邑制度的实施和推广

查理·马特不仅是一位杰出的军事家,还是卓越的政治家,为了改变法兰克王国的面貌,他采取大刀阔斧的改革措施。过去,由于墨洛温王朝实行将土地无条件赏赐的做法,耗尽了王室的全部地产,从经济上削弱了王权。另一方面,由于封建化过程的发展,战争接连不断,国家兵源成为严重问题。所以,必须从根本上改变过去的土地占有制度,使大小领主与王室紧密联系起来。针对上述问题,查理·马特尔切实推行了采邑制,在土地占有关系方面实行了变革。

采邑制是一种有条件的土地占有制,接受采邑的大小领主,上下之间结成封主与附庸的关系,领主有责任保护附庸,附庸要宣誓为封主效忠,随时应召为封主作战。如果附庸不履行臣属职责就要收回采邑,而且如果封主或受封者有一方死亡,封主和附庸关系即告中止。封主继承人如果愿意继承采邑,必须重新履行受封仪式,结成新的主从关系。当然由于采邑制度本身存在的历史局限性,这些规定终被逐渐废弛,拥有采邑的封建主在自己的土地内享有完全的行政、司法、军事和财政权,称为特恩权,到公元九世纪时,采邑转化成为世袭领地,习惯上称作封土。

由查理·马特开始施行的采邑制得到广泛实行,这对法兰克王国的发展和西欧历史的发展有着极其重要的影响,它确立了以土地和服役为基本条件的臣属关系,削弱了贵族势力,加强了王权,有利于社会的稳定和统一,加速了封建化过程。采邑制推行之后,中小封建主都要服兵役,他们自备马匹,装备精良,构成了新型的骑兵,奠定了西欧中世纪骑士制度的基础,法兰克王国以后正是依靠这支骑兵,建立起强大的查理曼帝国。更为重要的是,这次改革对欧洲中世纪社会关系的形成起着决定性的作用,欧洲中世纪国王、大封建主、中小封建主之间层层分封的模式,就是由采邑制确定的。

查理·马特生前南征北战,改革制度,把一个本来分崩离析的法兰克王国重新捏合起来,法兰克王国实力大增,查理·马特权势激增,他开始为正式接管法兰克王国做准备。741年,查理·马特去世,他把国土平分给自己的两个儿子:长子卡洛曼和次子矮子丕平(丕平三世),并把加冕王冠这个任务留给了自己的儿子。751年,矮子丕平废黜法兰克王国墨洛温王朝的末代国王,建立了法兰克加洛林王朝。

第三章
孕育近代欧洲各国的加洛林帝国(751—987)

第一节　丕　平　献　土

赫斯塔尔·丕平,力排诸多敌手,成为墨洛温王朝宫廷的唯一宫相。查理·马特慑服法国各大诸侯,击败企图越过比利牛斯山进入欧洲腹地的阿拉伯军队,成为整个基督教世界的英雄,丕平家族已然成为法兰克王国的实际掌权者。查理·马特去世之后,矮子丕平和哥哥卡洛曼瓜分了父亲的领地。公元746年,兄弟两人进行决斗,卡洛曼被迫进入修道院,弟弟矮子丕平大获全胜,独占了整个法兰克王国。

接下来面临的问题就是如何名正言顺地当上法兰克的王,矮子丕平需要一场隆重的加冕礼。中世纪法国的政治制度,既有别于东方的纯世俗体制,也有别于阿拉伯世界的纯神权体制,而是两种体制并存:一方面是以教皇为首的罗马教廷对天主教国家的集权式官僚体制,另一方面则是世

『第 1 任国王』

矮子丕平,又称丕平三世(714—768)(法兰克王国国王 751—768)

俗政权,这使得法国在中世纪受到两种名义的统治。为了获取王位,矮子丕平派人到罗马教廷多方打探。

对于罗马教廷和教皇来说,当时面临的情形是这样的:公元7世纪至8世纪上半期,在亚平宁半岛上存在东罗马帝国、伦巴第王国和教皇三种势力。751年,伦

巴第人①攻陷东罗马帝国控制的意大利拉文纳总督区,直接威胁教皇统治的罗马公国。罗马和罗马教皇不堪其扰,向东罗马皇帝求援。而此时,东罗马帝国的注意力集中于东方,且远离罗马,无力为教皇提供保护。教皇急需获得一位强有力的世俗统治者的支持,于是,教皇不得不在周边众多国家中寻求支持力量,法兰克王国的实际独裁者宫相丕平,就成为罗马教皇争取的对象。

双方各取所需,一拍即合。

751 年,矮子丕平派使臣去觐见罗马教皇札哈力,向教皇提出了如下问题:"是徒有虚名的人做国王好,还是让实权在握的人做国王好?"面对使者的提问,教皇自然懂得矮子丕平的用意,于是答复道:"在我看来,让真有实权的人当国王要好些,掌权者应为王。"得到教皇的认可,矮子丕平立即在苏瓦松召集全国的贵族开会,"根据全体法兰克人的拥戴,众主教的奉献和贵族的宣誓",宣布废黜墨洛温王朝的末代国王希尔德利克三世,教皇的特使红衣大主教卜尼法斯毕恭毕敬地为他举行了加冕礼,矮子丕平正式称王,加洛林王朝登上历史的舞台。②

矮子丕平信守承诺,替教皇驱赶伦巴第人。753 年冬,教皇史蒂芬二世冒着风雪穿越阿尔卑斯山来到法兰克王国,丕平十分尊敬地恭迎教皇,并象征性地为其牵马,这是罗马教皇第一次在法兰克王国内出现。法兰克的广大信徒、民众对教皇的到来,表现出发自内心的喜悦和欢迎,这使教皇感到无比欣慰,长途跋涉的辛苦一扫而光。经过双方详谈,国王与教皇签订了"互相协助,互相保护"的盟约。斯蒂芬二世重新为丕平举行了加冕典礼,并且宣布:"禁止任何人从别的家族中选立法兰克国王,违者将被逐出教门。"作为回报,丕平承诺在未来的战争中所征服的意大利土地中,划出拉文纳至罗马的狭长地带,捐赠给罗马教会。754 年,丕平率兵护送教皇返回意大利,并在阿尔卑斯山对伦巴第国王拉赫斯展开一场恶战。为了结束战争,伦巴第国王妥协,承诺归还教皇领地拉文纳以及教皇要求归还的全部罗马财产。但在丕平退兵之后,伦巴第国王并没有遵守诺言。756 年,丕平两次率军南下,挥戈进入意大利,征服了伦巴第王国,把它夷为平地。到了 756 年末,丕平平定了意大利北部和中部的大部分地区。

丕平兑现承诺,将征服的拉文纳、利米尼、具沙罗等二十二个城市献给了罗马教会,这一事件就是被基督教世界称颂了千余年的"丕平献土",从此在意大利的中部,一个政教合一的教皇国(754—1870)存在了 1 100 多年。为了使"丕平献土"合法化,

---

① 日耳曼人的一支,来自斯堪的诺维亚半岛。

② 郑嘉伟,杨益.不可不知的法国史[M].武汉:华中科技大学出版社,2014,第 27 页。

为了打消丕平的继承人日后利用这一献土行为来控制教廷的可能,同时为了提高教皇国的威望,教皇伪造了"君士坦丁的赠礼"的丑闻,诡称君士坦丁大帝早已把罗马城赠送给教皇,丕平只是把属于教皇的领土还给教皇而已。"丕平献土"奠定了教皇国的基础,罗马教皇不仅渐渐成为西方的精神领袖,而且还是意大利的一个世俗君主。在欧洲中世纪的历史中,罗马教皇成为影响欧洲政治力量平衡的重要一极,丕平献土缔造了教皇国,从此以后,历代法国君主都自称是教皇的世俗庇护人,而教皇国则以法国为后台,雄踞意大利中部一千多年,阻挡了意大利统一的步伐。

第二节 欧洲国王之父

公元768年,丕平三世病逝。日耳曼人的传统习俗是父亲死后,男丁均分土地,于是当年10月9日,弟弟卡洛曼在苏瓦松即位,哥哥查理在努瓦永登基为王。771年卡洛曼去世,避免了兄弟间的血雨腥风,查理顺势成了唯一的王。

(一) 查理曼时期的对外扩张

查理在位45年,共发动53次战争。查理登基之时,法兰克王国主要包括今日的法国、比利时和瑞士以及今日荷兰和德国的许多地区。他刚一继位,阿基坦人就密谋造反,于是他连续发动三场战争,战败阿基坦人,然后封自己的儿子为阿基坦国王。

弟弟卡洛曼的遗孀和孩子逃到意大利北方的伦巴第王国,为避免后患,查理随即挥军进入意大利北部,774年伦巴第人惨败,意大利北部被纳入法兰克王国的版图。

『第2任国王』
查理一世(742—814)(法兰克王国国王 768—814)

为了确保南部边疆安全,778年,查理曼对西班牙发动战争,在一次战斗中,亲信罗兰骑士负责殿后,却被自己人出卖,罗兰率领少数兵力和敌人奋勇战斗,最终战死。罗兰壮烈牺牲的故事在诗人笔下成了经典篇章《罗兰之歌》。对西班牙战争之后,在西班牙北部建立起一个边境国,叫作西班牙玛克,该国承认查理的主权。

《罗兰之歌》

《罗兰之歌》是法国英雄史诗,是欧洲中世纪武功歌的一部伟大作品。全诗共分为291节,长4 002行,以当时民间语言罗曼语写成,实际成为规范骑士行为的指南。

对王国东北面萨克森人的征服,是查理对外发动的历时最长、规模最大的战争。查理即位之时,法兰克人经常受到萨克森人的侵扰,于是查理决定彻底平定萨克森人,铲除长久以来的威胁,从而保障东部边疆稳定,这是查理出兵萨克森的直接原因,而且征服萨克森人意味着加洛林王朝拥有更多的领地,还有大量的劳动者。萨克森人当时还处于原始公社阶段,而且不信奉基督,所以查理有了最冠冕堂皇的借口——讨伐异教徒,于是查理左手举着十字架,右手举着剑,展开了传教之战。从772年开始到804年为止,他对萨克森发动了18次战争,在这些强迫改宗运动的过程中,约有四分之一的萨克森人被杀害。

为了确保帝国和东部边界地区的安全,查理同阿瓦尔人进行了一系列的战争。阿瓦尔是一个与匈奴族有着血缘关系的亚洲民族,他们占有一片广阔的领土,即今日的匈牙利和南斯拉夫。查理最终彻底打败了阿瓦尔军队。

经过几十年的征讨,查理成功地把法兰克王国的版图扩大了一倍:东起易北河和多瑙河,西至大西洋,南边从比利牛斯山和意大利出发,一直往北至北海,都是法兰克王国的领域[①]。自从罗马帝国衰亡以来,这是欧洲广袤的领土又一次被一个国家控制。

(二) 查理曼与罗马教廷

799年,罗马贵族们以教皇利奥三世生活放荡为理由,发动叛乱,囚禁教皇。教皇成功越狱之后,找到查理寻求帮助。作为报答,教皇在圣彼得大教堂祈祷的时候,把以前罗马皇帝才能戴的金冠戴在查理的头上,然后高喊:"查理奥古斯都,这位伟大的罗马皇帝,为我们带来和平,祝他万寿无疆和永远胜利!"受到罗马教皇的

---

① 当时法兰克王国的领土就包括了现在的法国、瑞士、荷兰、卢森堡、比利时、奥地利,还有德国的大部分地区、意大利的一大半、西班牙的加泰罗尼亚,以及克罗地亚、捷克、匈牙利等国家的部分领土。

加冕后,查理成了合法的罗马帝国继承者,从此人们称他为"查理曼①",这个"曼"字就是大帝的意思。在西罗马帝国灭亡 300 多年后,西方历史上又出现了一位罗马皇帝,新的奥古斯都②诞生了。

下面我们简单说说罗马教廷的来龙去脉。自从君士坦丁大帝赐封以来,罗马教宗和君士坦丁堡大主教并列被认为是上帝在人间的宗教事务代表,而帝国皇帝是上帝在人间的世俗事务代表,罗马教会和东方的君士坦丁堡教会一样,在世俗统治中都需要服从于帝国皇帝。476 年西罗马末代皇帝被废黜,世人公认东罗马帝国收回了西罗马帝国的法统,重新成为一个没有分裂的罗马帝国,世界上只有一个皇帝,即东罗马皇帝。然而,罗马教廷不甘心居于东罗马皇帝之下。797 年,拜占庭发生政变,皇太后伊琳娜处死亲生儿子君士坦丁六世,自立为女皇。罗马教廷以此为由,宣称罗马皇帝的法统在拜占庭已不存在,因此把法兰克国王查理一世加冕为皇帝,使罗马帝国永远传承下去。罗马教会表示,查理曼的加冕并不是宣告西方罗马从东罗马帝国分裂出来,而是由于东罗马帝国的法统中断,罗马帝国的正统从"新罗马"君士坦丁堡重新返回罗马城。因此,法兰克帝国的御玺上从此写着"罗马帝国的再生"。自然地,东罗马帝国对此拒不承认。所以,此时基督教世界出现两个并立的皇帝,一个在君士坦丁堡,一个在西方。他们并不像过去的东西罗马帝国皇帝那样和平共处,而是彼此敌视,双方都宣称自己才是唯一真正而且合法的基督教会和人民的领袖。查理曼曾经向伊琳娜提议双方结婚来统一罗马帝国,但伊琳娜还未来得及答应就被推翻,此后两个帝国再也无法统一。

罗马帝国的法统虽然分裂了,但对于罗马教皇却是件好事:一来甩掉了东罗马皇帝的干预,二来成了帝国皇帝的加冕者。因此,罗马教皇不仅在教皇国本身的领土上成为政教合一的真正君王,还可以通过神权干预整个天主教世界,在此后的欧洲历史上产生了巨大的影响。

然而东西教会之间的关系仍在持续恶化。最终在 1054 年,双方就圣餐仪式中应该用有酵饼还是无酵饼爆发了不可调和的争吵,主张无酵饼的罗马教皇和主张有酵饼的君士坦丁堡牧首互相宣布开除对方的教籍,东西教会彻底分裂。直到 1965 年,双方教会分别宣读了宽恕书,近千年前的相互绝罚才最终结束。

---

① 资料显示扑克牌中的红桃 K 的原型是查理大帝,方块 K 的原型是恺撒大帝,梅花 K 的原型是亚历山大大帝,黑桃 K 的原型是大卫王。
② 奥古斯都,意为神圣至尊,源于罗马帝国第一任皇帝屋大维,他于公元前 28 年被元老院授予"奥古斯都"尊号,自此这一称号成为罗马统治者的永久性称号。

(三）阶梯式封建等级制度的产生

西欧等级金字塔

查理大帝为了确保国家的统一和军队的服从，采用了军事采邑制度。他把一批忠诚的追随者封作"封臣"，将土地及生活在土地上的农民赏赐给他们，可以终身享用，但是不能世袭，另外还有一个附带条件：如遇战事，他们必须出征打仗。拥有采邑的封臣又可以把它划成小块，分封给所谓的二等封臣，而二等封臣也可以继续分封下去。远在查理·马特时期，国王就把土地作为采邑封给大封建王，大封建王再把它封给自己的臣下，层层分封，结成主从关系，形成阶梯式的等级制，这就是大家所熟知的国王、公爵、侯爵、伯爵、子爵、男爵、骑士。需要指出的是，即使是最底层的骑士，也有自己的土地和农民。中世纪时期，农民依附于骑士而生存，农民的任务就是供养骑士，但无须上战场。可是这种制度存在一个弊端，就是"我的封臣的封臣，不是我的封臣"。这导致了欧洲中世纪的国王地位很高，但能够直接指挥的人却很少。

需要指出的是，骑士诞生于查理曼时期，但骑士制度却盛行于 11—14 世纪。

(四）加洛林文艺复兴

随着查理曼南征北战，帝国疆土日渐宽广，为了保证对各地的有效统治，查理曼完善了爵位制度。他把全国分为几百个伯爵区，一个伯爵负责管制一个区域。然后建立巡按使制度，在每个伯爵区派一个教会代表和一个世俗代表，负责向皇帝报告各地情况，起到监督各地伯爵的作用。为了防止巡按使与伯爵们相互勾结，于是规定巡按使需每年更换。查理曼还完善了帝国法律制度，制定了几千条法律，涵盖政治、刑事、民事、教会、俗务、道德等，通过这一系列制度的制定与施行，保证了帝国内部的有序运作。

除此之外，查理曼非常重视对国民的教育。查理曼自幼受过良好的教育，精通多种语言，甚至通晓天文和算术。他曾经给某主教写过一封信，信中说道："这几年来，我收到很多修道士为我做的祷告。从他们的信件里，看得出他们真挚的情谊，我非常感激。但是，他们的文章写得非常糟糕，这都是不重视教育的结果。每次看到他们在信中遣词造句错误百出,我都感到非常可惜。我非常担心我们国家的后代,他们的文字水平会不会越来越差,差到连《圣经》都会看不懂呢?这可是非常危险的事情啊!我真心希望你能够去专研文字,虚心地学习,那你们一定能感受到《圣经》中令人绝妙的地方①。"

其实从西罗马帝国衰落开始,西欧的文化水平就开始令人担忧。后来,"蛮族"不断侵扰,墨洛温王朝时期更是战事不断,仅有的学校就是在克洛维与教会合作之后由这群教士建立的学校。这些教会学校一般分两种:一种是由主教兴办的大教堂学校,这种学校一般设在主教区里;另一种则是由修道院开设的学校,分布比较广,负责教导修道院里的僧侣,或者是附近村庄的孩子。这两种学校都传承罗马帝国时期的做法,主要给学生教授"七艺",也就是语法、修辞、逻辑、算术、几何、天文、音乐七门学科。其中前三种是主科,后面四门属于"选修课"。这七门学科貌似涵盖广泛,但教授的内容都是围绕教会的,比如天文学只是用来计算教会的节日,音乐课是教人们学唱圣歌。面对这种情形,查理曼在帝国内建立了许多宫廷学校和寺院学校,要求贵族和教会的子弟一定要去学校学习。查理曼还借此对教会进行了整顿,加强对教士的文化教育,把不称职的教士革除出教会,这使得查理曼的地位更加稳固。除此以外,查理曼还找来了当时最有名望的大学者阿尔昆,让他带领一大群学者出版了一套正规的拉丁文版《圣经》,这个版本成了天主教指定的通用版本。

另外,查理曼兴建了许多新学校和图书馆,弥补了教学资源的不足。查理曼从各地聘请有学识的学者到学校担任教师,他认为只要是有学问的人,甚至女人也可以发光发热。有一位修女利奥巴,她出身贵族,从小在修道院里长大,接受过良好教育,能用拉丁文写出优美的诗句,她因而深受查理曼赏识,被任命为陶伯比绍夫海姆修女院院长,查理曼本人也时常向她请教。

查理曼还聘请阿尔昆对古拉丁文进行了改革,做了一些新的文字书写和行文规定,还研发了一种新的字体。这种字体书写起来非常漂亮,而且易懂又好学,后来这种字体被称作"加洛林字体"。这次文字改革中有一些新规则一直沿用至今,比如:句子第一个单词的首字母要用大写、句子用标点作为暂停和结束。

这个时期被称为"加洛林文艺复兴"。

814年,查理曼大帝在法尔茨去世,这里是他生前最喜爱的地方,享年72岁。

---

① 郑嘉伟,杨益.不可不知的法国史[M].武汉:华中科技大学出版社,2014,第33页。

第三节　近代西欧国家的雏形

查理曼原本有三个儿子，其中两个夭折了，等到查理曼去世时，只剩下虔诚者路易，于是成为查理大帝的唯一继承人。

（一）颁布诏令，帝国一分为三

『第 3 任国王』

路易一世（778—840）（法兰克王国国王 814—840）

前面我们谈到过查理曼时期的采邑制度，查理曼死后，所有属于采邑的土地，都重新回归到新国王虔诚者路易的手上，由新国王重新分配。为了保住自己的封地，采邑主们整日忧心忡忡，他们一起私下策划，试图诱导路易尽快将领土分配给路易的儿子们，从而保证自己的领地能够得到王子们的认可。采邑主们的企图恰好迎合了路易三个儿子们的想法。

路易自幼信奉上帝，817 年遇到一次意外。路易在去大教堂做弥撒的时候，走廊突然坍塌，很多重臣或死或伤，路易本人也受了伤，他认为这是上帝给他的警示。事后，他开始考虑皇位继承的问题，他把自己的帝国分成三份：把意大利分给长子洛泰尔，阿基坦分给次子丕平，巴伐利亚以东分给小儿子路德维希，并提前规定洛泰尔和自己一起并称皇帝。当然还有一种说法是：公元 814 年，查理曼大帝在寿终正寝之际，立下遗嘱。路易一世按照父亲的意思，颁布《授权诏令》，规定在他死后，由长子洛泰尔继承王位，洛泰尔的两个弟弟在洛泰尔的宗主权下拥有各自的王国——阿奎丹和巴伐利亚。诏令发布之后，虔诚者路易的侄子伯纳德表示不服，起兵叛乱，因为他的封地意大利现在归到了洛泰尔管辖之下。与此同时，过去被查理曼征服的伦巴第人看到法国内乱，也趁机展开攻击。

虔诚者路易花了很大气力才把两场战乱平息下来。之后，国内终于太平了几年。

路易把国家提前分给自己的儿子们。可是自从颁布诏令以来，路易平叛战乱，治理国家，身体健康，精力充沛。823 年，路易的王后去世，他又娶了巴伐利亚的朱迪丝为新王后,还又生下一个儿子"秃头查理"。在王后朱迪丝的争取之下,829年,路易一世修改了《授权招领》,赐给秃头查理一块单独的封地(开始是阿勒曼尼亚,后来是比利牛斯山和默兹之间的地区),这触及了洛泰尔等三兄弟的利益。洛泰尔和丕平准备谋反,试图从秃头查理手中夺回属于自己的封地,父亲虔诚者路易成功地平定了这次叛乱。击败自己的儿子后,虔诚者路易于心不忍,把他们都释放了。可是这兄弟俩非常不甘心,回去之后又拉拢弟弟路德维希,兄弟三人一起造反,这一次,他们成功地打倒了虔诚者路易。833年,洛泰尔强迫父亲虔诚者路易在众目睽睽之下宣读忏悔书,虔诚者路易被关在修道院里一年多,直到一些伯爵发兵救驾才把他救出来,重登帝位。可是没过多久,老三路德维希又和老二丕平的儿子联合造反,面对儿子和孙子对自己的夹击,虔诚者路易只好找老大洛泰尔帮忙,并且向他承诺,假如这一次他能渡过危机,那么他去世之后就由洛泰尔和秃头查理平分帝国,洛泰尔答应了父亲的请求,帮助他击败了自己的弟弟和侄子。

840年,即分土23年,虔诚者路易在和自己儿孙的纷争中抑郁而亡。

(二) 凡尔登条约的签订

洛泰尔在父亲路易死后,把弟弟秃头查理踢到一边,自己登上帝位,这引起秃头查理的强烈不满,他找到三哥路德维希,两人在斯特拉斯堡定下盟约,宣誓一起进攻洛泰尔,史称斯特拉斯堡宣誓。有趣的是,在这次结盟中,两兄弟带领的军官士兵语言不通,在这种情况下,路德维希只好对着秃头查理统领的西欧士兵讲罗曼语,也就是最初的法语;而秃头查理则对着路德维希的中欧士兵讲条顿语,也就是德语的原型。宣誓之后,两人正式结盟。弟兄俩从东西两面同时夹击洛泰尔,最终迫使洛泰尔节节败退,退守到意大利。打到这里,三方势均力敌,都无力吞并对方。

> ### 《斯特拉斯堡誓词》
>
> 出于对天主的爱和出于共同拯救基督教人民和我们自身的拯救,从今往后,在天主给我知识和能力的范围内,我要保卫在场的我的兄弟查理,给予帮助,每件事都要通过(自然的)权力,就像所应做的那样,保卫兄弟;要在他对我同样做的条件下;我和洛泰尔绝对不会签订任何协议,通过我的意愿,损害在场的我的兄弟查理。

（古法语版）
Sacramenta Argentariae

Pro deo amur et pro Christian poblo et nostro commun salvament, d'ist di in avant, in quant deus savir et podir me dunat, si salvarai eo cist meon frade Karlo, et adiudha, et in cadhuna cosa, sicum om per dreit son fradra salvar dift. In o quide il mi altresi fazet. Et ab Ludher nul plaid nunquam prindrai qui meon vol cist meon fradre Karle in damno sit.

（现代法语版）

"Pour l'amour de Dieu et pour le salut commun du peuple chrétien et le nôtre, à partir de ce jour, autant que Dieu m'en donne le savoir et le pouvoir, je soutiendrai mon fère Charles de mon aide en toute chose, comme on doit justement soutenir son frère, à condition qu'il m'en fasse autant, et je ne prendrai jamais aucun arragement avec Lothaire qui, à ma volonté, soit au détriment de mon dit frère Charles."

843 年，洛泰尔、秃头查理、路德维希三人在凡尔登开会（老二丕平已经去世），三方协商后签署了"凡尔登条约"，决定三分天下，查理曼南征北战打造出来的帝国就这样分崩离析了。

凡 尔 登

法国东北部小城市，古代为高卢城堡，欧洲要塞。位于默兹河畔，地处丘陵环绕的谷地，有"巴黎钥匙"之称。此后，成为普法两国争战之地。

凡尔登条约规定：帝国莱茵河以东的地区归路德维希，称东法兰克王国（神圣罗马帝国，德国的前身）；四河（埃斯科河、默兹河、索恩河和罗讷河）以西归属"秃头查理",称西法兰克王国(即法兰西王国),西法兰克王国的领土包括了阿基坦、布列塔尼、勃艮第、加泰罗尼亚、佛兰德、加斯科涅、普罗旺斯、图卢兹及法兰西岛等;老大洛泰尔继承帝国的皇帝位置,但是对两个弟弟没有统辖权,只是管理意大利北部,还有东西法兰克王国之间的地区,称为中法兰克王国(意大利)。

凡尔登条约是查理曼帝国瓦解的第一阶段,预示着近代西欧国家的形成。中法兰克王国夹在东西法兰克中间的地带,成了东西法兰克王国争夺的目标,870年《墨尔森条约》签订,以条约调整,中法兰克王国的北部领土被东西法兰克王国瓜分,瓜分剩下的部分构成后来的瑞士、比利时、荷兰和卢森堡的领土。

很长一段时间里,法兰西是一个相对统一和稳定的王国,后面的章节中会有详细的资料加以论述。加洛林王室在东法兰克王国的统治到公元911年结束,然后从962到1806年建立了神圣罗马帝国①,在其他的时间里意大利人和德意志人则处于长期分裂的状态,境内分布着大大小小的城邦和领主封建庄园。教皇国存续了1100年,把意大利截成两半,阻挡了意大利南北统一的步伐,直到1861年撒丁王国才最终统一意大利,成立新的意大利王国。而在德意志的土地上,1871年由普鲁士王国实现了首次民族大统一,然而却又因两次世界大战的失败,致使国家再度分裂,直至1990才重新实现统一。

第四节　北欧海盗来了

(一) 查理曼子孙不敌维京人

秃头查理获得了帝国的西部,成为西法兰克的国王。但是他并不是一个强有力的统治者,西法兰克的大封建领主们非常霸道专权,并不遵从国王的号令。除此之外,由于查理大帝的子孙互相倾轧,使得国力衰弱,这让西法兰克王国成为来自斯堪的那维亚的战士们觊觎的猎物。

查理大帝的子孙们勇于私斗,却怯于保护他们的人民。来自北方的维京人,使得这片大地为之长久颤抖。数百艘战舰装载着成千的战士,开始一次次袭扰和劫掠。840年,维京人劫掠鲁昂,开始了长达一个世纪的进攻。843年,也就是《凡尔登条约》签订的同一年,一股北欧劫掠者攻入南特,将主教杀死在教堂的祭坛上,赤裸

---

① 神圣罗马帝国,是一个松散的诸侯联盟。

『第 4 任国王』
查理二世（823—877）（西法兰克王国 843—877），秃头查理

裸地玷污了教堂的神圣。845 年，3 万诺曼大军乘船而至，包围了巴黎，当时秃头查理率军在外，巴黎城内只剩下巴黎伯爵厄德和他属下的 200 名骑士守城，厄德带领属下进行了艰苦卓绝的巴黎保卫战，并奇迹般地把维京人挡在城外直到第二年，厄德伯爵在此战中名声大噪。但是法国军队最终被击败，维京人将俘虏的敌人统统处死，惊恐万分的巴黎市民只得选择屈服，最终维京人向秃头查理勒索 7 000 磅银子后方才撤离。维京人到处劫掠财富，杀戮民众，焚烧房屋，从 856 年到 865 年的十年间，巴黎三度被抢劫，尝到甜头之后，维京人有如潮水般铺天盖地涌来，船只的数目不断增加，到处都有基督的信徒遭到杀戮和劫掠，恐怖降临大地，人们绝望地向上帝祈祷，请"带领我们脱离北欧人的狂暴"。

877 年秃头查理去世，继任的三个国王既短命又平庸。

第五任国王路易二世其实有个深受父亲秃头查理喜爱的弟弟"孩童查理"，但是不幸于 866 年去世。秃头查理去世之后，作为长子的路易顺应天命继任了王位，但他体质虚弱，且不擅政事，在他统治期间一直受制于贵族。在位期间，他与

『第 5 任国王』
路易二世（846—879）（西法兰克国王 877—879），口吃者路易

『第 6 任国王』
路易三世（863—882）（西法兰克国王 879—882）

肆虐欧洲的维京人展开作战，但征讨开始不久，他就病倒了，并于879年4月在贡比涅驾崩，在位两年，享年33岁。

老国王驾崩，王子们瓜分土地，这一直是法兰克人的传统。一些贵族如巴黎主教约瑟林和科隆大主教于格等提议只推举一个国王(即居长的路易三世)，但最后在权力的纷争之下，路易二世的两个儿子路易和卡洛曼都被选为国王，被称作路易三世和卡洛曼二世，开始二王共治时期。当年的9月两人同时在费里耶尔安加蒂奈由桑斯大主教加冕，正式称号均为"法兰克人的国王"。880年3月在亚眠将他们父王的领土分为两份，路易三世由于居长，获得西法兰克的北部(即纽斯特里亚)和整个西法兰克最高统治者的地位，而名义上仍然是兄弟俩共同治理西法兰克。

兄弟俩刚继位便面临着强大的外敌——维京人，他们的父亲路易二世就是在准备征讨维京人的途中去世的。879年11月，兄弟俩在维埃纳附近大胜维京人，暂时遏制了维京人的进犯。

在国内，波索公爵拒绝对两兄弟效忠，并被推选为普罗旺斯国王，这严重威胁到了兄弟俩，尤其威胁到掌管着普罗旺斯的卡洛曼二世的统治。为了更好地对付维京人，同时为了维持国内和平，兄弟俩被迫与他们的叔父、东法兰克的萨克森国王路易二世进行谈判，以便他不参与两兄弟与波索公爵的斗争。于是，双方于880年初在恩河畔的利贝蒙签订《利贝蒙条约》，该条约将《墨尔森条约》中划分给西法兰克的洛林的土地割让给东法兰克，以换取东法兰克的中立，兄弟俩这才得以腾出手来对付波索。但是萨克森国王路易二世属于加洛林王朝的东法兰克(后成为德国)支系，从此德、法两国为了洛林展开了长期争夺，洛林也成为两国争夺欧洲大陆霸权的主要战场。880年夏天，兄弟俩共同出兵征讨波索，攻克马孔和波索的北部领地，然后与他们的叔父东法兰克国王胖子查理联合起来围攻维埃纳，直到882年的夏天，维埃纳才最终被攻克。

与此同时，881年8月，路易三世在索库尔安维穆战役中取得了对维京海盗的决定性胜利，斩杀约8 000维京人，基本遏制了维京人对西法兰克国土的骚扰。有一首古高地德语的短诗《路德维希之歌》描述了路易三世的这一胜利。

882年8月，路易三世在圣丹尼城驾崩，年仅19岁。路易三世的死非常意外，去世那天，他正与一位名叫日尔蒙的女孩一起骑马，不慎撞到了一扇低矮的门的过梁上，头盖骨破裂成好几块，当天就去世了，死后葬在圣丹尼教堂。

第七任国王卡洛曼二世，他是阿基坦和普罗旺斯(下勃艮第)国王，882年他的哥哥路易三世去世之后，他成为西法兰克唯一的国王。但此时，王国状况非常糟糕，维京人不断入侵骚扰，各地封建领主时有反叛，甚至在他直辖的下勃艮第也时有叛乱发生。

『第 7 任国王』
卡洛曼二世（866—884）（西法兰克国王 882—884）

『第 8 任国王』
查理三世（839—888）（西法兰克国王 884—888，来自东法兰克王国，胖子查理）

884 年 12 月，卡洛曼二世在贝祖森林①狩猎时，不小心被一个诸侯击伤，不治而亡，年仅 18 岁，死后葬于圣丹尼教堂。

卡洛曼二世生前没有结婚，因而没有子嗣，而他的哥哥路易三世已经去世，弟弟查理（即后来的西法兰克国王查理三世）年龄又太小，西法兰克诸侯便邀请他们的叔父东法兰克国王胖子查理担任摄政王。

下面我们来说说这位胖子查理。876 年日耳曼人路易死后，他的三个儿子瓜分了东法兰克王国，胖子查理继承了士瓦本。881 年由教皇加冕为"罗马人的皇帝"，次年统一了东法兰克王国。884 年他的侄子西法兰克国王卡洛曼二世去世，由于另一个侄子天真者查理年幼，他又当上了西法兰克国王，完成了法兰克帝国自签订《凡尔登条约》以来的又一次统一。胖子查理很高兴地身兼东、西两个法兰克王国的国王，加上已经获得的意大利国王、洛林国王等头衔，他在形式上再次统一了分裂已久的法兰克帝国，即查理曼帝国或加洛林帝国。

（二）厄德在巴黎保卫战中立威

胖子查理统一了法兰克帝国，然而他的统治非常虚弱。在他统治期间，屡

---

① 贝祖森林：今鲁昂和古尔内安布黑之间的里昂森林。

次遭到维京人袭扰,其中有著名的"巴黎保卫战",最终导致他的帝国迅速瓦解。

885年11月24日拂晓,多达700艘船的维京人舰队出现在塞纳河口,包围了巴黎。巴黎人从睡梦中醒来,恐怖地发现已经被抛弃,国王胖子查理并未派兵抵抗。对于北欧海盗的恐惧使得巴黎人紧密团结在一起,在这种情势之下,因抗击维京人有功而被封为法兰西岛公爵的强者罗贝尔之子巴黎伯爵厄德挺身而起,担负起指挥抵抗的重任。大主教约斯兰坚定地站在他的身后,他这样说道,"我们的王国版图覆盖君主、国王和上帝统治下的所有土地。王国不能被毁灭,必须通过坚守巴黎来自救。"这次围困持续了13个月,巴黎军民拼死抵抗,保卫家园。人们在厄德伯爵的指挥下,勇气倍增,不怕流血牺牲,致使海盗军团始终未能攻下巴黎。886年9月,国王的军队前来支援,但是在巴黎城下却遭受了一次惨败,无能的胖子查理最终向北欧人支付了700磅白银的"丹麦金",并允许他们在塞纳河上航行。次年,不得人心的胖子被废黜。

下面我们来谈谈这位巴黎伯爵厄德,他曾受到胖子查理的信任,被任命为卢瓦尔地区的管理人,成为纽斯特利亚(今天法国中部)最强大的地主。这为他后来被提升为国王奠定了基础。888年2月,在人民的欢呼声中,贵族选举厄德为国王,同年夏天厄德战胜了维京人,从而巩固了他的地位。

『第 9 任国王』

厄德(约865—898)(西法兰克国王888—898),罗伯特丹家族,被封为"法兰西岛主"

厄德采取了非常明智的外交政策,他对东法兰克王国的加洛林王朝从不挑战,尽力在自己的王国内保持更多的自主权。而且还将许多土地赏赐给他的亲属,尤其是他的兄弟们,厄德一步步地发展和稳固了自己在王国的势力。

『第 10 任国王』

查理三世,天真者查理(879—929)(西法兰克国王898—922)

几年之后,维京人的攻势减弱,贵族们企图把厄德从王位上拉下来,893年,国内有一小部分贵族承认天真者查理(口吃者路易的遗腹子)才是真正合法的法国国王,同年天真者查理起兵反抗厄德。厄德心有不甘,于是双方开始了长达六年的内战。898年1月厄德去世,天真者查理再次成为西法兰克唯一的王。厄德的弟弟罗贝尔不想再打下去,就和天真者查理妥协,接受"法兰西公爵"的称号,双方罢兵。这样,西欧这块土地出现"西法兰克国王"和"法兰西公爵"双雄并立的局面。

两个家族为了争夺王位还将展开长达百年的争斗。

第五节　双雄并立的王国

(一) 卡佩家族初露锋芒

『第11任国王』
罗贝尔一世(865—923)(西法兰克国王 922—923)

罗贝尔一世是卡佩家族的领军人物强者罗贝尔的幼子,哥哥厄德去世之后,他继承了法兰西岛公爵的领地,成为当时举足轻重的权贵。911年起,他的地位越来越举足轻重。他在夏尔特尔击败诺曼人,从而为《圣克莱尔条约》的签订铺平道路,根据条约,他把诺曼底划归诺曼人[1],使诺曼人在法国定居下来,不再肆意掠夺。

我们对比一下国王天真者查理的主张。为了安抚诺曼首领罗洛,公元911年,天真者查理与之签订协约,将鲁昂等地割让给罗洛,罗洛则对天真者查理行封臣礼。就这样罗洛成了诺曼底公爵领地的第一代公爵,征服英格兰的征服者威廉就是其子孙,在罗洛的封地上最终出现了强大的诺曼底公国。天真者查理把国家土地划给强盗的举动,引起国内很多贵族的不满。920年,法国贵族们在苏瓦松集会,宣布取消对查理三世效忠的宣誓。922年诸侯们推举卡佩家族的罗贝尔为国王,即罗贝尔一世。

---

[1] 诺曼人是指前面提到的维京人及其后裔。他们在法国北部诺曼底定居下来以后,就开始被称为诺曼人。

> ## 『第 12 任国王』
>
> 鲁道夫[1](? —936)(西法兰克国王 923—936)

　　923 年,在苏瓦松之战中,罗贝尔击败天真者查理,但是自己却不幸在战斗中阵亡。然后诸侯们又推举罗贝尔的女婿勃艮第公爵鲁道夫继续与天真者查理作对。有一日,罗贝尔的盟友假意与天真者查理议和,请他来军中,结果天真者查理一来到军中就被人绑架了,被关押在佩隆的城堡中。6 年后他死于监禁地。

　　查理三世的垮台标志着统一的法兰克国家历史的结束。从鲁道夫开始,厄德家族的后人和秃头查理的后裔交替为国王。直到 987 年,罗贝尔一世的孙子于格·卡佩自己称王,加洛林王朝宣告结束。

　　923 年,父王天真者查理三世被囚,母亲带领路易这时候还不自专称为路易四世去往英格兰。936 年,路易返回法国,由理姆斯大主教阿尔唐为他加冕,继任国王。然而当时的朝政大权掌握在"伟大的于格(罗贝尔一世的儿子)"手中。路易四世不甘心处处受于格的牵制,他在支持者阿尔唐的帮助下将首都迁到拉昂。在他继任国王的十几年间,不断地和于格发生争斗,最终通过与德意志国王奥托一世的妹妹联姻,从而结成紧密的同盟,这样才使得国内政局稍有缓和。951 年,他和于格和谈。可是 3 年之后,路易四世在一次意外中死亡了。

『第 13 任国王』

路易四世(921—954)(西法兰克国王 936—954),"海外归来者",其母亲是英格兰国王"长者爱德华"之女"英格兰的艾吉芙"

(二)洛泰尔一世的抱负成为强弩之末

　　954 年,路易四世驾崩,八子洛泰尔继位,时年 13 岁。同年,他在兰斯的圣雷米

---

① 　鲁道夫,出生年份无法确定,史料记载为 880 年或 890 年。

『第 14 任国王』

洛泰尔一世(941—986)(西法兰克国王 954—986)

修道院加冕,正式即位为西法兰克王国的国王。在他统治期间,他处在法兰克公爵兼巴黎伯爵于格的监护之下,这里需要指出的是,于格被先王路易四世指定为国王财产的监护人,但并不是新国王洛泰尔的摄政。

洛泰尔的统治一开始就充斥着与西法兰克各诸侯的争斗,尤其是与诺曼底公爵的争斗。洛泰尔一生都在试图表明,西法兰克的君主不只是一个空头衔,而是具有中央集权威严的国家元首。

955 年,洛泰尔和监护人于格一起围攻普瓦捷并将之攻克。次年,伟大的于格去世,留下两个儿子:即长子和继承人于格·卡佩、次子奥托·亨利,这兄弟两人随即开始相互争夺权势。洛泰尔一世便从中斡旋并自任仲裁者,他让于格·卡佩继承了其父法兰克公爵和巴黎伯爵的头衔,迫于形势,960 年又授予奥托·亨利勃艮第公爵的称号。于格死时,洛泰尔一世还不到 15 岁,而且位列诸侯首位并掌控王国重镇巴黎防卫的于格·卡佩年纪还小,洛泰尔便处在他的舅舅、科隆大主教布鲁诺一世的监护之下。

978 年,洛泰尔一世 37 岁,他打算重新夺回洛林,而当时的洛林在神圣罗马帝国萨克森王朝的控制之下。同年春天,洛泰尔一世率领 2 万大军对神圣罗马帝国发动突然袭击,在亚琛几乎俘虏了神圣罗马帝国皇帝奥托二世,洛泰尔二世的军队占领了神圣罗马帝国名义上的帝都亚琛整整五天。可是奥托二世在短暂失败后马上于当年秋天展开报复性反击,不但夺回了所有失地,而且还侵入西法兰克王国本土。在这紧要关头,于格·卡佩和其他重要的贵族选择支持洛泰尔一世,奥托二世被迫班师回国,还损失了大量的兵力。最后,在众臣和阿德莱德太后的斡旋下,西欧两大强国的君主于 980 年在希埃河上的马尔久城签订停战和约,和约规定洛泰尔一世放弃洛林,而奥托二世则承认洛泰尔的儿子路易五世的继承权。

986 年,洛泰尔在拉昂驾崩,享年 45 岁。

洛泰尔一世在位期间,始终处于不同权臣的监护之下,但是这丝毫不能掩盖他的志向。他一生都立志征服洛林,他的志向影响到他的继承者,此后洛林成为西法兰克王国和神圣罗马帝国长期争夺的目标,成为法、德两国长期交恶的重要原因和争夺欧陆霸权的主要场所,一直到第二次世界大战结束后才正式归属法国。

洛泰尔也是加洛林王朝西法兰克支系少数与国内诸侯斗争并试图加强王权的君主,虽然他的努力收效不大,但为他的后继者树立了榜样,到了卡佩王朝,法国国王在与诸侯的斗争中获胜,中央集权体制初现端倪,最终在波旁王朝时确立。

(三) 法兰克人最后的王

路易五世的父亲是西法兰克国王洛泰尔一世,母亲是意大利国王洛泰尔二世的女儿。他于 979 年登基,与其父王洛泰尔共治,由于父王尚在,故大权仍掌握在父王手中。

980 年,路易五世迎娶了安茹伯爵的女儿阿德莱德,之后两人加冕为阿基坦的国王和王后,但是当时的路易只有 13 岁,阿德莱德已经 33 岁,两人结合后并不幸福,夫妻二人也没有生育孩子,两年后离婚,阿德莱德搬到了阿尔勒居住。

986 年 3 月,父王洛泰尔驾崩,次日路易五世正式加冕成为西法兰克唯一的国王,时年 19 岁,其统治中心在拉昂。路易五世继承了父亲

『第 15 任国王』
路易五世(967—987)(西法兰克国王 986—987)

洛泰尔一世的遗志,继续与神圣罗马帝国交恶。987 年 5 月,路易五世死于一次野外狩猎,也有史料记载他是被他的母后毒死的。可能因为路易五世在统治期内没有做出太多政绩,所以中世纪的传记作家送给他一个绰号——“无所事事的”,后人则称他为“懒王路易”。他是最后一位加洛林王朝的君主,是西法兰克王国和所有法兰克人的最后一任国王。

路易五世死后没有合法的继承人,所以他的叔叔、下洛林公爵夏尔便被推举为王位继承人,因为他是加洛林王朝仅存的男嗣。但是,神职人员们反对这一提议,他们赞成推举于格·卡佩,并且说服了大家。于格·卡佩虽然不是唯一具有贵族血统的显赫人物,却通过他的行动和军事权威力压群雄,987 年 7 月 3 日,于格·卡佩被推举为国王,继承了加洛林王朝的遗产,兰斯大主教阿达尔贝隆为他加冕。从此,加洛林王朝被卡佩王朝取代。

第四章
囚徒国里的卡佩王朝(987—1328)

第一节　前五任国王力图挣脱窘境

『第1任国王』
于格·卡佩(938—996)(法兰西
国王987—996),他的祖父是西法
兰克国王罗贝尔一世

987年加洛林最后一位国王路易五世去世,厄德家族的后人于格·卡佩在众多贵族的支持下加冕为王。从此,加洛林王朝被卡佩王朝取代。

于格·卡佩在位期间,法国王室直接控制的领地极其狭小,仅包括从巴黎到奥尔良之间的狭长地区,被称为"法兰西岛",其面积大约只有1 000平方公里,只占法兰西国土的1/15。而且这些领地并不是彼此相连的,这给国王巡视领地造成很多困扰,因而被称为"囚徒国"里的卡佩王朝。

当时的法兰西国王权势微弱,贵族们各自为政。卡佩王朝建立初期,王国境内各地伯爵公爵林立:诺曼底、勃艮第、加斯孔尼、阿基坦、不列塔尼、佛兰德、图卢兹、安茹,等等。他们有权在自己领地内颁布法令、征收赋税,甚至是铸造钱币。大小贵族在各自领地内培植一些年轻人镇守城堡,护卫领地。领主们为他们配备武器装备、马匹和防御工具,于是一个新的阶层——骑士产生了。他们将谱写中世纪欧洲历史舞台上耀眼的诗篇。若有战事,骑士们便为领主而战,如无战事,骑士之间便相互比武争斗,贵族之间的矛盾逐渐加深,于是教士担负起整顿思想的重任。最初,教士用教会的一些教规约束骑士,引导骑士虔诚地信奉上帝,接受基督教的洗礼,而且还煽动骑士参加十字军东征,讨伐"异教徒",这一点将在下一节中做详细的阐述。战争中将涌现许多著名的教会骑士团,成为独立于世俗封建领主的强大政治军事势力。就这样,依靠宗教的影响力,教士和骑士在中世纪获得了较高的社会地位,他们宣称世界上地位最高等级是教士,精英等级则由骑士组成,最底层是辛勤劳动的大众。

卡佩王朝初期,国王没有固定的宫殿,时常奔波于巴黎和奥尔良两地。王室领地很少,税收自然也很少,王室成员的生活并不宽裕,可即便是这样,卡佩王朝的国王们依然省出钱和物品来救济贫民,这使得王室受到百姓的敬仰。各地贵族虽然不听从国王的指令,但表面上还是承认国王的尊贵,历任国王进行加冕仪式的时候,都会很隆重地到兰斯大教堂,用最高级的圣油来涂身。国王这种隆重的加冕仪式,代表着他的王位是由神授予的,是法兰西唯一的国王。但是国王的王位坐得很不稳当,行事更是受到贵族领主的掣肘。面对这种窘境,于格·卡佩在位期间就开始谋划让自己的儿子登基。他把国内的贵族聚集在一起,让大家推举他的一个儿子作为王位的接班人,于格在自己即位同年的圣诞节,便立即为儿子罗贝尔加冕。于格·卡佩通过贵族之间的矛盾和利益关系,牵制贵族,让王室和贵族之间形成微妙的平衡,这种做法被卡佩王朝以后的历代国王所沿用。

于格·卡佩开创了这种类似于中国册封太子的制度,令卡佩王朝存活了300多年,而在它之后统治法国的瓦卢瓦王朝和波旁王朝,都算是卡佩王室的旁支,所以卡佩王朝的后人可以说是一直统治法国到近代才结束。于格·卡佩在西法兰克王国建立了完整的封建制度,正是有了这种能够稳固王位的制度,法兰西才有机会逐渐孕育出属于自己的文化和民族意识。

罗贝尔二世,是法王于格·卡佩和阿基坦的阿德莱德的儿子。996年,罗贝尔二世与自己的表妹伯莎近亲结婚,被教皇格列高利五世处罚,开除教籍。虽然如此,罗伯特二世却是一个虔诚的君主,他在宫廷内积极推广基督教,更是以无情对待异教徒著称,因而获得了"虔诚者罗贝尔"的称号。

为了恢复法兰西国王的权势,罗贝尔不断地和那些不愿效忠王室的领主发生摩擦,

『第2任国王』
罗贝尔二世(970—1031)(法兰西国王 996—1031),虔诚者罗贝尔

甚至导致战争。为了扩大王室权利,他热衷于夺取那些领主死后没有合法继承人的空余封地。1003 年他筹措了一支军队,侵入勃艮第领地,可是由于王室军队的配给和战斗力不足,最终被击败。但是罗贝尔并没有放弃勃艮第,在 1016 年,他终于合并了勃艮第的领地,收获了勃艮第公爵的头衔,王室领地扩大了一倍以上。

1017 年,他效仿父亲于格的做法,为自己的儿子(次子)亨利一世加冕。1031年 7 月 20 日,他和儿子亨利一世发生冲突,在默伦去世。

亨利一世于 1016 年至 1032 年间,同时领有勃艮第公爵头衔。1032 年,他将勃艮第分给了他的弟弟罗贝尔·卡佩,从此以后,长期影响法国政坛的勃艮第派,就是从勃艮第公爵罗贝尔·卡佩开始的。

『第 3 任国王』
亨利一世(1008—1060)(法兰西国王 1031—1059)

『第 4 任国王』
腓力一世(1052—1108)(法兰西国王 1059—1108)

亨利一世的父亲罗贝尔二世,在位期间曾经出兵帮助其外甥、年轻的诺曼底公爵威廉平定诺曼底贵族的反叛,而这位威廉就是后来英格兰的征服者,著名的"征服者威廉"。威廉的权势日趋扩张,尤其在威廉和佛兰德伯爵的女儿成亲之后,亨利一世愈发感受到威胁。1054 年和 1058 年,亨利两次入侵威廉的诺曼底,但两次均被击败。从此以后,诺曼底和法兰西王室关系破裂[1]。

亨利一世去世时,腓力年仅八岁,由母基辅罗斯公主安妮摄政直到 1066 年,这是法国历史上第一位摄政的王太后。

---

① 威廉征服英格兰后,曾举国征伐法兰西,若非威廉意外坠马,卡佩王朝几乎灭国。

1072 年,腓力与荷兰伯国的公主贝莎结婚,婚后夫妻感情失和,于 1092 年离婚。而后腓力娶了安茹伯爵的夫人贝特德,遭到教皇乌尔班二世的处罚。腓力被迫放弃了和贝特德的婚姻,却依然屡屡幽会,腓力一世成为法国第一个和教会直接对抗的君主。

1095 年,教皇乌尔班二世在法国克莱蒙召开高级宗教会议,宣布发动第一次十字军东征(1096—1099)(详情见下一节)。法王腓力一世由于对教皇心存芥蒂,拒绝参加十字军。但是需要说明的是,法兰西王室虽然没有参加第一次十字军东征,但腓力一世的弟弟佛蒙达伯爵于格却是主要的参加者之一。

早在 1098 年,胖子路易就被父亲腓力一世指定为继承人,而且在父亲腓力去世之前,他已是实际统治者。他非常清楚地认识到巩固王权的重中之重就是驾驭那些拥有领地的大贵族。他亲身经历了父亲腓力和教会对抗所带来的不利,因而他登上王位之后,实行了绥靖政策,与教会保持了良好关系。为了拉拢市民,他支持城市的公社运动,给予市民相对的自治权,把王室与中产阶级的利益结合起来,客观上保障了市民的一些利益。

另外,路易在王廷内设置了具有行政机构

『第 5 任国王』
路易六世(1081—1131)(法兰西国王 1108—1131)

意义的"御前会议",该会议由国王召集,吸收大贵族、国王封臣和宫廷官吏参加,具有咨询、立法和司法的职能。但是在御前会议上,国王时常受到大贵族的掣肘,很多问题议而不决。于是国王便下令改组御前会议,让更多市民参加会议,以便获得更多的支持。

经过多番努力,路易获得了教会和市民的支持,然后把主要心力花费在与贵族的争斗上。他不断征伐国内桀骜不驯的贵族,逐一拆毁诸侯的城堡,并强制在他们的领地上驻扎忠于王室的卫队。在路易六世统治末期,他成功地削平了卢瓦尔河以北的封建割据势力,卡佩王朝的统治已经趋于稳固。

路易六世另外一件功绩,就是他经过多方筹谋,终于在 1137 年为自己的二儿子路易迎娶了阿基坦公爵的独生女埃莉诺公主。要知道卡佩王朝建立之初,由于王室力量势微,国王和王子们迎娶的王后和王妃只能是些偏远小国的公主。这位阿基坦女公爵对法国乃至整个西欧都有着深远的影响。

第二节　中世纪进入鼎盛时期

　　自从公元 8 世纪上半叶查理·马特创立采邑制度以来，西欧的封建制度逐步发展。公元 11 世纪至 14 世纪初封建制度在欧洲达到鼎盛，经济和社会都产生了深刻的变革，思想、文化和艺术也有着浓厚的中世纪色彩。在这个历史时期，基督教得到充分的发展，几乎遍布了整个欧洲，骑士则成为这个制度下最重要、最活跃的群体。

（一）黑暗时代的艺术风格

　　中世纪时期，欧洲文明发展缓慢，封建割据，战争频发，人民生活困苦，牧师们远离高尚，教皇荒唐淫乱，修道院成了污秽之地，这段历史时期被后世称为"黑暗的年代"。

巴黎圣母院
（2019 年 4 月被严重烧毁）

"哥特式"风格,即欧洲古代艺术与文艺复兴之间的所有艺术。14世纪意大利掀起了伟大的文艺复兴运动。为了进行区分,于是把中世纪时期的艺术风格称为"哥特"。"哥特"一词源自公元3至5世纪侵略意大利、并将罗马帝国瓦解的蛮族哥特人。"哥特式"风格是中世纪艺术风格的主潮流,它是中世纪天主教神学观念在艺术上的一种反映,它的艺术主题是黑暗、恐惧、孤独和绝望,这种风格最初见于天主教堂,后来世俗的建筑也受到其影响。这个词从词源上讲的确有些负面意思,然而哥特式的寓意并非完全消极,它表现了一种过程,表现了人们在历经中世纪的思想禁锢之后开始对新生活思考的过程。

至于哥特式风格的建筑,据史料记载,当时人们认为教堂建得越高便越能接近上帝,所以哥特式建筑直接采用了尖塔顶,而不再是罗马式建筑的圆塔顶。而且哥特式建筑中采用了很多彩绘玻璃,玻璃上面用图画的形式讲述了很多宗教故事。哥特式建筑几乎没有墙体,主要依靠窗子、肋拱和飞扶壁承重。

巴黎圣母院就是典型的哥特式建筑。

(二)宗教性军事战争"十字军东征"

十字军东征是西欧封建主、大商人和天主教会以维护基督教为名,对地中海东岸地区发动的侵略性远征。公元11—13世纪末,西欧基督教国家以收复圣地耶路撒冷为号召,发动了一系列军事远征扩张活动,参加者的衣服上都缝有十字记号(十字架是基督教的象征),故名"十字军",这是一场震撼整个西欧中世纪历史的宗教性军事战争。东侵活动从1096年开始,到1291年东征军的最后据点阿克城陷落,历时近200年,大规模的侵略共8次。

在十字军东征的200年间,他们在占领区内建立起了几十个十字军国家,最大的是耶路撒冷王国,此外还有安条克公国、的黎波里伯国等。

耶路撒冷王国

"世界若有十分美,九分在耶路撒冷。"这是在犹太人的口传圣经"塔木德"中的一句话。公元1099年,第一次十字军在围城一个多月后,攻陷了耶路撒冷,随之在中东建立了若干十字军王国,最有名的便是耶路撒冷王国。这些政权由欧洲基督教贵族和法兰克骑士把持。长达两个世纪之久。

美国学者朱迪斯·M·本内特曾在他的著作中写道,十字军东征聚合了当时的三大时代热潮,即宗教、战争和贪欲。根据《耶路撒冷史》记载,十字军占领该城后,不分男女老幼实行了惨绝人寰的 30 天大屠杀。为了掠夺金银财宝,贪欲虐杀了人性,十字军的强盗行为,充分暴露了其宗教的欺骗性和虚伪性。直到 1187 年,东方人民在能征善战的领袖萨拉丁领导下,最后消灭了十字军主力,收复了耶路撒冷。

十字军东征造成了东方和西欧各国生灵涂炭,造成了巨大的物质损失,但是它们打开了东方贸易的门,使得欧洲认识到更为广阔的外部世界,间接地促进了欧洲文艺复兴的出现,推动着欧洲从一个黑暗的孤立时代逐渐走向开放的现代世界。

第三节　法王路易七世与阿基坦女公爵埃莉诺

路易七世从小就被送到修道院潜心学习,准备长大了当大主教。可是他的哥哥却不幸去世,他只好告别修道院,接任国王之位。然而宗教对他的影响非常深刻,他清心寡欲,不爱女色,虔诚于上帝,热衷于祷告。

LOUIS VII, LE JEUNE

『第 6 任国王』
路易七世(1120—1180)(法兰西
国王 1131—1180),被称为小路易

阿基坦女公爵埃莉诺
(1121—1204)

我们再看看他的王后埃莉诺,她是阿基坦公国的唯一继承人,从小娇生惯养,美貌多情,而且她的嫁妆是整个阿基坦公国,已然超过了当时的法兰西王室。而且阿基坦位于法国西部,是法兰西最富庶的地区,其战略地位非常重要。

这样的两个人结合在一起,夫妻关系十分不睦,结婚7年之后才生下第一个孩子玛丽公主。可这对夫妻各自都是权倾一方的大人物,他们的身后是大片的领土和无上的权势,他们的婚姻破裂带来的可是国家之间的斗争。

埃莉诺对自己的丈夫路易七世非常失望。1147年,教皇发动了第二次东征,路易七世作为虔诚的基督徒,决心讨伐异教徒,收复圣地。作为阿基坦女公爵,埃莉诺也带上自己的骑士团,随军出征了。大军进入东欧的时候,在军事部署上发生了分歧,路易七世主张直接攻取耶路撒冷,安条克公爵雷蒙德等人则认为应该先收复埃德萨城。其实在行军路上,埃莉诺已经被雷蒙德的英俊潇洒、风趣幽默深深吸引,所以埃莉诺选择支持雷蒙德,在军营里和自己的丈夫路易七世发生争执。路易七世本来就对自己的妻子爱慕雷蒙德非常不满,现在居然还站到了对方的阵营,所以路易七世很果断地绑架了自己的王后埃莉诺,然后抛下雷蒙德不顾,一意孤行带兵前往耶路撒冷,结果路易七世的军队被打退,孤立无援的雷蒙德也不幸战死。

埃莉诺对丈夫路易七世非常绝望,他不但绑架自己,还间接害死了她的情人雷蒙德,于是埃莉诺公开提出离婚。这时教皇出面调解,二人的婚姻又勉强维持了几年,好不容易生下第二个孩子但仍不是王子。埃莉诺和路易七世的婚姻终于走到尽头,1152年,路易七世以埃莉诺未能替自己生下男孩为理由提出离婚,夫妻二人都获得解脱,埃莉诺径自返回阿基坦。

埃莉诺重获单身的消息一传开,整个西欧都一片喧闹,沿途各地爵爷争相向埃莉诺求婚。埃莉诺历经万难,才终于安全地回到阿基坦。埃莉诺与路易七世离婚六周之后,就再婚了。埃莉诺的这位丈夫亨利二世,身份相当贵重。他的父亲是法兰西安茹伯爵,母亲是英格兰国王的女儿,他本人则是诺曼底公爵、安茹伯爵。结婚后,亨利二世从母亲那里继承了英格兰国王的王位,又从埃莉诺那里得到了阿基坦。

法王路易七世当初以埃莉诺未能替自己生下男孩为理由提出离婚,结果埃莉诺和亨利二世结婚之后,却接连生了五个儿子和三个女儿。然而法王路易七世直到娶了第三任妻子香槟伯国的公主阿黛勒,才生下未来的腓力二世。等到腓力14岁时,路易七世便交出王位,不理政事了。

英王亨利二世(1133—1189)

母亲：英格兰国王亨利一世的女儿玛蒂尔达

父亲：法兰西安茹伯爵戈德弗鲁瓦五世(玛蒂尔达的第二个丈夫)

亨利二世：法国的诺曼底公爵(1150年起)、安茹伯爵(1151年起)和阿基坦公爵(1152年起)，他创立了金雀花王朝，又称安茹王朝，是英格兰中世纪最强大的一个封建王朝。

1154—1189 年在位

第四节 "奥古斯都"腓力二世

『第 7 任国王』
腓力二世(1165—1223)(法兰西国王 1179—1223)

腓力二世是路易七世经历三次婚姻才终于得到的孩子，于是他出生的时候被称为"神赐的"。在位期间，他扩大了法国版图，收回了之前大部分由英国控制的地区，对法国王室土地有巩固与拓展之功，故被称为"腓力奥古斯都"，即腓力大帝。他对巩固王权和统一法兰西王国起了决定性作用。

腓力二世 14 岁时在兰斯教堂加冕为王，但是由很多大贵族一起摄政，腓力二世只能忍辱负重。

1180 年，他迎娶了佛兰德伯爵菲利普的侄女伊萨贝拉。佛兰德是个富庶的诸侯国，毛纺业发展很早，并因为羊毛贸易而与英国形成联盟关系。此外，佛兰德和香槟也保持着密切的经济和政治联系。佛兰德伯爵菲利普没有子嗣,他主动与卡佩王室攀亲,把西北方向的阿图瓦地区作为嫁妆并入法国,佛兰德伯爵和法王相互倚靠,巩固各自的势力。后来经过腓力二世的多番筹谋,终于让佛兰德伯爵缔结了对法王有利的条约,很多领地并入法国王室,王室收入增加,实力得以增强,腓力二世终于摆脱了贵族的操控,掌管了国王的大权。1187 年王子出生,即未来的路易八世,法国王室进一步稳固。

佛 兰 德

佛兰德在法国的东北部,包括现在的荷兰、比利时部分地区,名义上是法国的领土,但卡佩王朝从来没有能够有效地管理。纺织业发达。

内政方面,腓力二世建立起一套强而有力的中央集权行政制度,每地派遣行政长官,王权开始统一。卡佩王朝前几任国王连个固定的居所都没有。腓力二世统治时期,开始着手建设巴黎。巴黎被建成一座大城市,从此法兰西王室把首都定在巴黎。而且为了巩固王权、防御外患,在巴黎市区周围建起了坚固的城墙(长约 5 公里,墙厚约 3 米,墙高约 9 米)。大约在 1200 年,腓力二世在巴黎中心城岛西端建立一座方形城堡,这座城堡后来成为卢浮宫的前身。同年,腓力二世正式批准巴黎大学的成立,从此以后很多学校被建立起来,包括现代巴黎大学的前身索邦大学(1257 年)。腓力二世统治时期,开始修建巴黎圣母院(1163—1345),历时 180 多年,经过 9 位设计师之手,是巴黎最古老、最高大的天主教堂,同时也是巴黎第一座哥特式建筑,史称"由巨大的石头组成的交响乐"。巴黎圣母院广场上的原点,是法国大量全国各地里程时所使用的起测点,这象征着将圣母院置于法国的心脏部位。1204 年,腓力二世将国名由"法兰克"改成"法兰西"。

当然腓力二世的主要功绩是开疆扩土,他最强大的对手就是安茹家族。要想说清楚这一点,我们还得谈谈那位阿基坦女公爵埃莉诺和她的孩子们。埃莉诺的两个儿子先后成为英格兰国王,她的女儿们都嫁给了欧洲的各个君主,因此她被称为"欧洲皇家祖母",当然这是后话。

埃莉诺和英王亨利二世生下第八个孩子"无地王"约翰之后,夫妻感情日趋淡薄,埃莉诺返回到自己在阿基坦的领地,和英王相安无事,各自过活。但是埃莉诺的儿子"狮心王"理查和"无地王"约翰成年后,他们也和父亲发生了矛盾,埃莉诺见状立即出兵帮助"狮心王"查理对抗丈夫亨利二世。英王亨利二世遂把妻子埃莉诺绑架起来,将她关了十几年。埃莉诺的儿子"狮心王"理查为了救出母亲,和父亲争斗多年。于是英国发生内斗,乱成一锅粥。趁着英国内乱,法王腓力二世赶紧出兵蚕食英王在法兰西的领土,并且成功拿到了一大片领地。1189年,英王亨利二世去世,儿子"狮心王"理查继位,这位新英王非常勇猛,鲜有人敌,然而法王腓力二世却是斗智不斗力,静待时机,准备出击。

1189年,欧洲发动第三次东征,意图光复耶路撒冷。第三次东征阵容豪华,却是外强中干。神圣罗马帝国皇帝腓特烈一世,半路落水淹死了。法王腓力二世是"项庄舞剑,意在沛公"。他中途撤兵,找到"无地王"约翰挑拨离间,只剩英王"狮心王"理查独自搏斗。"狮心王"理查得知英国国内弟弟"无地王"约翰发动内乱,随即匆匆回国,然而途中却被仇人奥地利公爵雷奥博尔德逮住,一关就是三年。

这三年里,腓力二世趁机夺取了英王在法国境内的领土安茹。"狮心王"的母亲埃莉诺费力地凑齐赎金,"狮心王"被赎回,这位勇猛无敌的英王很快就平定了弟弟挑起的内乱,紧接着率领英军与腓力二世的法军正面交锋,面对这种真刀真枪的对抗,法王腓力二世远远不是英王对手,很快"狮心王"就收复了很多失地。但是在一次战役中,"狮心王"中箭受伤,伤口感染而身亡。"狮心王"理查去世后没有子嗣,根据当时尚不明确的继承规则,他有两个继承人:弟弟,即未来的无地王约翰;侄子,布列塔尼的亚瑟。弟弟"无地王"约翰随即宣布即位,但这就引发了接下来的事情。

法王腓力二世找到"无地王"的侄子布列塔尼公爵亚瑟,怂恿他造反,于是英国再一次陷入内斗之中。利用英国王室的内部矛盾从中渔利,是卡佩长期采用的策略,法王腓力二世趁机侵占了英王的很多领地,安茹、诺曼底、布列塔尼等地都归入了法国。

"无地王"约翰吃了几次亏,也开始用同样的方式来反击。1214年2月,他找来了腓力二世的仇敌和嫉妒者们,带领英军从法兰西西边拉罗谢尔登陆,6月17日占领安茹地区的昂热城,并开始围攻附近的僧侣岩城堡。神圣罗马帝国皇帝奥托四世则带着大军从法兰西北部插入。原本的计划是,无地王约翰在西线和法军周旋,德皇奥托四世则趁机直扑巴黎。最初,"无地王"的计划进行得非常顺利,腓力二世带领法军准备截断英军的退路,可是英军却撤到南部,企图牵制腓力二世,但是德皇奥托四世泄露了战机,腓力二世感觉形势不对,立刻让太子阿图瓦伯爵路易带部分兵马继续追击,自己则带着大部队赶回去对付奥托四世。

1214年,腓力二世率军来到布汶城,与德军主力遥遥相对,他仔细衡量德军和法军所处的位置之后,决定后退渡过布汶桥,然后拆毁桥梁,这样可以避免奥托四世攻打自己的南边,防止切断法军和巴黎之间的联系。看到这种情形,奥托四世赶紧率军追赶,等到德军赶到布汶桥的时候,法军大部队已经过桥,只剩下殿后的军团被德军团团围困。大家都以为腓力二世会抛弃殿后部队,却在这时,腓力二世命令大部队后队变前队,向德军冲杀回来。这一举动,扰乱了德军本就不坚定的战斗意志,那支殿后部队原本以为自己必死无疑,这时却看到法军在法王的率领下扑将过来,顿时备受鼓舞,整个法军士气高涨,德皇奥托四世被完全震慑住了。但是即便如此,这一仗法军打得还是非常艰辛,经过奋力拼搏,腓力二世率领的骑兵终于击败奥托四世以步兵为主的联军,奥托四世拍马败逃。而且在另一个战场上,英勇睿智的太子路易即未来的法王路易八世,也奋力击败了"无地王"约翰。

布汶战役是法国君主制的奠基之战,是法王、英王和德王之间的一场较量,也是自法王路易七世与英王亨利二世对峙以来法国国王们一直避免的军事对抗。布汶战役中,腓力二世率领的法军击败英国和德国联军,一举收复除了加莱以外所有的诺曼底公国领地,几乎统一了卢瓦尔河以北的整个法兰西,令卡佩王朝统治下的法兰西一跃成为欧洲强国。在腓力二世数十年的努力下,法兰西王室统治的领土比原来扩大了将近三倍。

得胜的法军举行了凯旋仪式,据说巴黎的狂欢持续了七天七夜。布列塔尼人纪尧姆在《腓力颂》中这样歌颂:"所有男女,不分阶层,不分年龄,不分贫富,都唱起欢快的赞歌,所有人都在传颂国王的光荣,赞美国王,崇敬国王。"

腓力二世是一位具有开创性的、现代意义上的专制君主,他在位期间的征战为王权带来无上的荣耀。1223 年 7 月 14 日,腓力死去,法国王室第一次将国王的葬礼当成一场盛大的表演来操办,人们一直将他的遗体护送到了圣丹尼。这一天结束了卡佩王朝历史上的储君制,腓力二世没有在在位期间就指定王位继承人。

『第 8 任国王』
路易八世(1187—1226)(法兰西国王 1223—1226)

路易八世,他就是布汶战役中击败"无地王"约翰的那位太子。路易是一位积极的领导者,对外陆续侵略英国,对内不断讨伐桀骜不驯的贵族,他的一生充满了荣耀和传奇,故而被称为"狮子王路易"。只可惜他继任法国王位三年之后,便不幸去世,留下了王后布朗歇和年仅 11 岁的儿子路易九世。

卡佩王朝有很多股势力都试图把王权从这对母子手中抢过来,面对不听话的贵族,布朗歇带上儿子路易直接出兵,来到兰斯,为自己的儿子加冕,路易九世成为法国第九任国王。可即便这样,国内还是纷争不断,屡屡向布朗歇和路易九世发起挑衅,在路易九世还不能亲自处理政事之前,王后布朗歇独自支撑法国十年之久,直到路易九世可以独当一面。

第五节　王太后布朗歇与法王路易九世

路易八世的王后布朗歇是西班牙卡斯蒂利亚的阿方索八世之三女,也是英格兰金雀花王朝亨利二世和阿基坦女公爵埃莉诺的外孙女。1200 年,为了暂时缓解英法两国的纷争,埃莉诺亲自把 12 岁布朗歇送到法国,嫁给了当时还是法国王子的路易第八。布朗歇遗传了外婆埃莉诺的美貌,自幼受过良好的教育。而不同的是,布朗歇和路易第八婚后琴瑟和谐。

布朗歇是埃莉诺的外孙女,英王"无地王"约翰去世之后,路易第八和英王的另一个继承人亨利三世开始争夺英王王位。但是 1217 年,路易第八在多佛尔战役中失败,双方签订了兰贝思条约。路易第八放弃了对英国王位的要求而返回法国,并于 1223 年继任法国王位。英王王位争夺战中,路易第八虽然最终失败了,但由此可以看出布朗歇的价值。

丈夫路易八世去世之后,布朗歇独自承担起对路易九世的教养。她在路易九世周围安排了最博学的人,一心要把他培养成一位英明决断、爱惜百姓的君王。路易九世笃信上帝,基督教精神成为他思维的有机组成部分。在母亲集慈爱与严厉为一体的管教之下,路易九世成长为一个中世纪全欧洲的"模范国王"。1235 年,路易九世成年,布朗歇并没有贪恋王权,她把王权正式交给自己的儿子。

路易九世是一个虔诚的基督教教徒,但他对基督教的虔诚也给法兰西带来了损害,他在位期间严禁异教流传,设立了专门的火刑场和异端裁判所。他对待犹太人的态度也非常苛刻,不仅烧毁了他们的经书,还强迫他们带着犹太人的标志,这使得当时的犹太人社会地位大大下降。

布朗歇和路易九世

『第 9 任国王』

路易九世(1214—1250)(法兰西
国王 1226—1270)

　　路易九世实行睦邻政策,即便偶尔与邻国发生摩擦,也是见好就收,并不穷追猛打。他往往通过外交手段和邻国保持友好。路易九世曾经亲自带兵出征,击败了英王亨利三世精心策划的入侵,1259 年,他与亨利三世签订《巴黎条约》,双方交换领地,便于各国加强管治,亨利三世作为封臣对路易九世行臣服礼。1258 年,他与西班牙的阿拉贡国王海梅一世签订《科尔贝条约》,基本上奠定了两国以比利牛斯山为界的局面。总的来说,路易九世在欧洲基督教国家中实行睦邻政策,不主动挑起战争,以公正和宽大为原则处理彼此的争端,使他的时代成为中世纪西欧地区少有的橄榄枝飘舞的时代。

　　为了加强王权,路易将司法权收归王室法庭所有。他颁布法令,禁止在王室领地内进行私自决斗,规定叛逆、矫诏、铸假币等重要案件均必须在王室法庭审理,由国王裁决。如果在王室领地之外,必须实行"国王四十日",该法令规定,凡是法国所有贵族之间的矛盾,如果协商无法解决的,必须提前四十天通知对方,这四十天内,不可以相互武力攻击,可以选择向王室法庭提出诉讼,由国王出面调停和裁决。这种制度,一来减少了诸侯之间的摩擦和战事,间接地惠及平民免于战争困扰,使得法国民众得以休养生息,二来提高了王权在法国国内的威望和影响力,贵族之间发生争斗,原本与国王不相干,而此时贵族们却纷纷聚集到国王面前,寻求解决之法。而且路易处理国政,秉持公正,在法国人的心目中,路易是公正的典型代表,当人们受到冤屈或不公平时,大家时常说请按照圣路易王朝的公正精神,处理此事。

　　路易九世有一次患了重病,病中的路易九世向上帝虔诚地许诺:只要病好了,他便听从神意,再一次发起东征。于是1248年,第七次"十字军东征"开始了,这一次东征得到教皇英诺森四世的支持,但东征军的主力是法军,路易九世带上自己的兄弟,还带上自己的王后,满怀虔诚地向埃及挺进。法国国内则由王太后布朗歇坐镇。1249年,大军跨过地中海,在埃及登陆,攻陷了达米乐塔。而此时埃及阿尤布王朝的苏丹(国王)萨利赫恰巧去世。可是这位国王有一个非常能干的王后,叫作谢杰莱·杜尔。她就像法国的布朗歇一样,面对这样的局势仍保持冷静,出面主持国内战事,并迅速召回自己的儿子继承王位。

东征军方面以为得到了好时机,路易九世的弟弟罗伯特贸然率军冲进城内。对方守城将领是拜伯尔斯,这位将领出身低微,当时还是无名小辈。罗伯特根本不知道,这个拜尔伯斯十余年之后,将在艾因-贾鲁战役中大败蒙古军,威震天下。罗伯特率领骑兵冲进曼苏拉城,而此时在城内,拜尔伯斯利用城市狭窄的街道,设置了巧妙的防御工事,并指挥城中百姓同心协力,法军的骑士穿着厚重的铠甲,被阻击在城市的窄街窄巷之中,最终罗伯特在城内丧命,两百多骑兵只有五人活着逃出。经此一役,东征军士气大衰,而对方却士气高涨,在这种情况下,路易九世决定率军撤退,可是军队中有很多人得了疟疾,路易九世本人也病倒了,因此国王和一些贵族在开罗被俘。

消息传回法国国内,王太后布朗歇想尽办法筹措了80万金币,赎回路易九世。可是路易九世被赎出之后,非常不甘心,他决定留下来等待时机再次发动攻击。直到1252年,王太后布朗歇去世,法国国内无人坐镇,路易九世被迫回到法国。这次东征失败,成了路易九世的一个心结,让他一直耿耿于怀。1270年,路易九世不顾贵族和朝臣的反对,一意孤行,又一次发动东征,大军直指突尼斯。但是这一次东征比上一次更加惨败,挺进突尼斯没多久,大军便染上了瘟疫,路易九世也因病去世。路易九世死后,欧洲再也没有人组织远征军东征,路易九世是十字军东征的最后领导人。

路易九世给法国带来一段稳定繁荣的时期,加强了法国王室的权威和地位,为形成法国民族国家打下基础。路易九世死后27年,罗马教廷追封他为圣徒,他因此被人称为"圣路易"。圣路易充当着世俗的"拯救者",他把拯救看作自己的天命,试图处处创造一种模式和秩序,他是法国历史上唯一被封"圣"的国王。接下来继任的法王是腓力三世。腓力三世很小的时候就获得了奥尔良伯爵的爵位,因他擅长骑马打仗而被称为"勇敢者"腓力。

1270年,腓力与父亲路易九世一起参加第八次十字军,路易九世在这次远征中因瘟疫死于突尼斯,腓力三世遂在当地被宣布为法国国王。他即位之后,当即请求他的叔叔查理一世与穆斯林领袖谈判,签署了一份 10 年休战协议。1271 年 8 月 12 日,腓力三世被正式加冕为法国国王。之后不久,腓力的另一个叔叔图卢兹伯爵阿方斯去世,由于没有子嗣,所以其大部分领地都并入了王室,这使得王室实力大增。

1284 年,腓力三世在教皇的劝诱下率领大军进入鲁西永,企图从西班牙的阿拉贡王室手中夺取这个地区。这次战争被称为"反阿拉贡十字军"。腓力三世起先时取得不小的进展。但法军之中突然爆发了一场痢疾,腓力本人也染上了疾病,法军被迫撤退。在途中被阿拉贡军堵截,遭到惨败,腓力三世本人没能返回自己领地就去世了。他的儿子腓力四世继承了王位。

『第 10 任国王』
腓力三世(1245—1285)(法兰西国王 1270—1285)

第六节　腓力四世的武功歌

腓力四世身材高大,相貌俊美,性格深沉含蓄,注重实际。

腓力四世即位时,法国南部的波亚图和图卢兹领地因无后嗣而归并王室。而后他与纳瓦拉女王胡安娜一世结婚,使卡佩王朝获得了纳瓦拉王国的王冠。由于纳瓦拉王室是香槟的世袭领主,这么一来,香槟这块重要的封建领地也落入王室手中。这些富庶领地并入王室,腓力四世因而实力大增。此后他致力于夺取位于法国西南部、由英国占有的加斯科尼,以及法国北面工商业非常发达的佛兰德伯爵领地。

(一)金马刺之战失利

腓力四世大肆地向佛兰德展开侵略扩张。1302 年 3 月 18 日,为了报复法军,一群佛兰德暴徒在布鲁日城内展开大屠杀,他们屠杀在布鲁日城的每一个法国人,这次事件被称为布鲁日晨祷。腓力四世听闻,非常愤怒,他派阿图瓦伯爵罗伯特二世率军讨伐暴徒。

『第 11 任国王』
腓力四世（1268—1314）（纳瓦拉国王 1284—1305，法兰西国王 1285—
1314），美男子腓力。腓力四世入选影响世界的 100 位帝王排行榜

罗伯特二世率领 2 500 名贵族骑兵，连同步兵总共约 8 000 人，挺进佛兰德。当时佛兰德总共 9 000 人左右，人数略胜出，其中贵族骑兵 400 名，其余是步兵。起初，法军彰显了骑兵的优势，获得了几场小胜利。佛兰德军在一次攻城失败后，退到城郊，与法军遭遇。该地区地面坑坑洼洼，非常不适合骑兵作战，于是法军统帅罗伯特二世命人找来木板，准备铺平道路，方便骑兵冲锋陷阵。然而在工事尚未完成之时，罗伯特二世麾下的步兵就擅自冲向佛兰德军阵地，展开了搏杀。即使这样，法军步兵还是取得了明显的优势，获胜似乎就在眼前。然而在步兵战斗形势一片大好的时候，罗伯特二世却强硬地命令步兵后撤，改由骑兵冲锋，或许是他担心步兵应付不来，或许是他笃信贵族骑兵的威风，总之忽然间战场一片混乱，步兵收到命令往后撤退，却又阻挡了贵族骑兵向前冲，再加上地面原本就坑坑洼洼，不利于骑兵作战。这一耽搁，给了佛兰德军喘息的时机，他们重组阵型，弓箭手迅速就位。于是，好不容易冲到阵前的法军贵族骑兵，却因为地势坑洼，无法施展威力，而且也根本无法抵挡对方的弓箭手。佛兰德人转败为胜，缴获了上千个法军骑兵的黄金踢马刺，主帅罗伯特二世在战斗中丧命，这场战役被称为"金马刺之战"。

金马刺之战失败之后，为了和英国维持良好关系，腓力四世把女儿伊莎贝拉嫁给英国的王子，日后这位公主被称为"法兰西母狼"，关于伊莎贝拉我们将在下一节中详细介绍。

(二) 法王与教皇的较量

腓力四世即位之后,大肆扩张领土,以求扩大在欧洲的影响力。接连不断的战事让国内财政危机四伏,金马刺战役之后,为了缓解战争带来的财政危机,腓力四世开始设立新的税款,而且允许封建主出钱从而免除兵役,但这还远远不够。在那个时期,罗马天主教会势力非常强大,教会和教士拥有大量地产,而且无须缴税,腓力四世做了一个大胆的决定,决定向法国境内的教士征收教会财产税,这触动了教会的利益,触怒了教皇卜尼法斯八世,于是法王腓力四世与教皇展开了一场场激烈的争斗。

下面我们就用更直观的方式看看双方你来我往的角逐:

教皇——宣布一条敕令,强调教会的免税特权。

法王——宣布任何人在没有得到自己的允许下,不得将金银、货币、武器、马匹输出国外。

教皇——派遣一个大主教去训斥腓力四世。

法王——把主教押上世俗法庭审讯。

教皇——发布敕令,准备召集法国高级教士来罗马开会。

法王——篡改敕令,并公之于众,曲解说教皇把矛头对准了整个法国。

教皇卜尼法斯八世

法王——趁机召开第一次三级会议。

所谓的三级会议是由教士、贵族和市民三个等级组成,每个等级各有一票表决权。这是法国历史上第一次三级会议,时间是 1302 年。

教皇——宣布开除腓力四世的教籍。

法王——再次召开三级会议,得到民众支持后,派军队直接杀到教皇国,俘虏了教皇。

教皇——受尽屈辱,逃亡,愤然去世。

就这样法王腓力四世与教皇卜尼法斯八世你一拳我一掌斗得不可开交,最终以卜尼法斯八世愤然离世告一段落。卜尼法斯八世去世之后,腓力四世扶植一名法籍大主教当上教皇,那就是克雷芒五世。为了方便管理,腓力四世把教廷从罗马搬到了法国的阿维尼翁。从此以后的将近 70 年里,历任教皇都是法国人,一切事务唯法国国王马首是瞻。"阿维尼翁",欢乐的钟声之城,被称为"教都",教皇被法国王室牵制 70 年，被称为"阿维尼翁之囚"，直至 1370 年，时任教皇格列高利十一世率兵重回罗马，才结束这段尴尬的岁月。也正是在这段时期，意大利摆脱了教皇和教会的制约，开始了伟大的文艺复兴。

阿维尼翁

在法国南方距离巴黎不到 700 公里的地方，有一座长满棕榈树和橄榄树的小城，小城不大，教堂却很多，钟也多，每当敲钟时，叮当之声此起彼伏，悦耳动听，余音缭绕，因此法国作家弗朗索瓦·拉伯雷赞美它是"欢乐的钟声之城"。

教皇在阿维尼翁期间修建的雄伟壮丽的宫殿
耸立在圣贝尼兹拱桥之上

(三) 铲除圣殿骑士团

腓力四世控制了教皇和教会，缴获了大量财富，但是他的雄心远不止于此。他瞄准了另一群宗教人士——圣殿骑士团。

12 世纪早期，为了保护欧洲的基督徒到耶路撒冷朝圣，法国贵族决定成立一个宗教军事组织，旨在保护朝圣路上的基督子民，并且遵从"守贞、

圣殿骑士团

守贫、服从"三大守则。团员分为四个阶层：骑士是主体，其最高等级者穿着背部绘有红色十字的白色长袍；军士是步兵，阶层低于骑士，是军事主力；农夫管理财产；神父做祷告等宗教活动。

在政治上，圣殿骑士团只对教宗负责，其他任何世俗政权都无权指挥它。在经济上，骑士团不仅享有免税的特权，而且还有权在自己的领地上收取什一税。骑士团创办之初只有9人，然而拥有的巨大特权使得圣殿骑士团在几十年内很快发展成一个强大的组织。

圣殿骑士团富可敌国，甚至影响着法国的经济命脉。12世纪末期，圣殿骑士团在基督世界拥有9 000座庄园或领地。其中包括一些很有名的教堂和城堡，如伦敦的圣殿教堂、柏林

雅克·德·莫莱

的圣殿宫，有一段时间骑士团甚至拥有整个塞浦路斯岛。它在欧洲的年收入约600万英镑。这一切使圣殿骑士团成为一个庞大的经济体，他们的财富使他们能够维持一支强大的职业军队。

1307年10月13日，星期五，腓力四世下令逮捕法国境内所有的圣殿骑士团成员，以"异端"罪名，将这些人处以火刑，自此之后，"十三号星期五"在西方文化中被当成不祥之日。圣殿骑士团团长雅克·德·莫莱自然也被处以火刑。临死前，他诅咒腓力四世一年内跟着自己下地狱。结果半年之后，腓力四世在一次外出打猎时意外身亡。腓力去世之后，卡佩王朝直接从鼎盛时期直线下滑，走向衰亡。

第七节　腓力四世的儿女们

固执者路易是腓力四世的长子，其母亲是纳瓦拉女王胡安娜一世。1305年他继承了纳瓦拉王位，1314年他又成为法国国王路易十世。像历代卡佩国王们一样，为了扩大王权的事业，他孜孜以求，只可惜在位两年就去世了，年

仅 27 岁。

路易去世的时候，他的儿子仍在母亲腹中。因为无法确定是男婴还是女婴，一度引起王位的混乱。在等待孩子出生的这段时间，由路易十世的弟弟担任摄政王，管理朝政。

『第 13 任国王』

约翰一世(1316—1316)(纳瓦拉国王，法兰西国王 1316)

『第 12 任国王』
路易十世(1289—1316)(纳瓦拉国王 1305—1316，法兰西国王 1314—1316)

『第 14 任国王』
腓力五世(1293—1322)(纳瓦拉国王，法兰西国王 1316—1322)

约翰一世是法王路易十世的遗腹子，他是法国在位时期最短的一位国王，因为他在出生四天后就夭折了，至于死因，众说纷纭，史记不详。

腓力五世就是前面提到的那位摄政王，他是腓力四世和纳瓦拉女王胡安娜一世的次子，路易十世的弟弟，被称为高大者腓力。路易十世死后，腓力五世成为摄政王，约翰一世出生几天夭折之后，腓力五世被宣布成为法兰西和纳瓦拉的国王。由于约翰一世死因不明，许多人怀疑腓力五世和小约翰的死亡有关。

腓力五世娶了勃艮第伯爵奥托四世的女儿兼女性继承人让娜(琼二世)。本可以靠这次联姻一举统一整个法国,但腓力登上王位六年后就去世了,而且没有儿子,只有一个女儿,于是将王位传给了他的弟弟查理四世。

查理四世是法国国王腓力四世的第三个儿子,其母亲为纳瓦拉女王胡安娜一世。查理四世在哥哥腓力五世去世之后,极力排斥腓力五世的女儿接任法国王位,遂于兰斯大教堂加冕为法国与纳瓦拉国王。

查理四世是一位不善治理国家的君王,他把治理国家的大权交给野心勃勃的叔叔,于是王权旁落,国内一片混乱。在他统治时期,课税大大加重,民众苦不堪言。贵族们打着王室的旗帜没收臣民的土地,横征暴敛,还肆意挑起与英国的战端。

「第 15 任国王」
查理四世(1294—1328),(纳瓦拉国王,法兰西国王 1322—1328)

1328 年,查理四世去世,没有留下男性继承人,这时候有三人提出了继承王位的要求,一是查理四世王后让娜腹中尚未出生的婴儿;二是瓦卢瓦伯爵腓力,他是查理四世的堂兄弟,他的父亲是卡佩王朝国王腓力三世的第三子瓦卢瓦伯爵查理;最后是英格兰国王爱德华三世,他的母亲伊莎贝拉是腓力四世的小女儿,就是日后提到的"法兰西母狼"。但是按照法兰克人的《萨利克法》,禁止女性或女性一系的继承人继承王位,所以爱德华三世的王位要求被拒绝,随后前王后让娜又不幸生了个女儿,于是瓦卢瓦的腓力成为唯一合法的继承人。1328 年 5 月,他在兰斯大教堂加冕为法国国王,即腓力六世,从此法国进入瓦卢瓦王朝时期。

现在我们来介绍一下这位伊莎贝拉。

伊莎贝拉,腓力四世的女儿,英王爱德华二世的王后,英国人后来之所以称她为"法兰西母狼",是因为她杀死了自己的丈夫以及丈夫的弟弟,这给英国王室带来了严重的威胁,我们来一起看看事情的原委。

其实伊莎贝拉是个很有主见,很懂大义的女人,为了国家利益,她被送去与英王爱德华二世达成政治联姻。可是英王爱德华二世是个既平庸又专横的君主,而且还是个同性恋者。在他的男宠小德斯旁塞的

伊莎贝拉

挑唆下,他冷落虐待王后。即便这样,伊莎贝拉还是为英国王室生了四个孩子。这一切,年幼的儿子——未来的爱德华三世都看在眼中,他同情母亲,憎恶父亲。

法王查理四世在其统治时期挑起了与英国的战端。英王于是派王后伊莎贝拉回到法国与哥哥查理四世谈判,以图缓解纠纷。伊莎贝拉带着王子爱德华回到法国后迟迟滞留,且无意再回英国。爱德华二世听闻后非常愤怒,连续写信给王后伊莎贝拉和她的哥哥查理四世进行威胁恫吓。伊莎贝拉不予理睬,可是法王查理四世却决定将妹妹遣送回英国。伊莎贝拉的表哥罗贝尔伯爵及时建议伊莎贝拉带着爱德华王子到君士但丁堡的拉丁帝国①去躲避。领地的主人纪尧姆伯爵也是法国王室的亲戚,伯爵夫人是伊丽莎白的堂姐妹。伯爵热情地接待了伊莎贝拉,并表示愿意尽最大力量帮助她摆脱困境。他们筹建了一支军队攻向英国王宫,英王爱德华二世惊闻,急忙逃到威尔士去招募军队,一时间竟失去了联系。

英国贵族朗加斯特伯爵提出:既然国王下落不明,那么就应该由爱德华王子执掌王权。于是召开国务会议,宣布爱德华三世暂时代替他的父亲执政。1326年11月,爱德华二世在一个偏远的修道院里被朗加斯特伯爵抓获。英国从上到下,包括教会都一致赞成废黜国王,由年轻的爱德华王子继位。可是这位时年14岁的孩子不愿当一个篡位者,更不愿当一个任人摆布的傀儡,为了让自己的政权具有合法性,他随即宣布除非他父亲宣布退位,并同意他继承王位,否则他不会接受王冠。爱德华二世无奈,哭着同意放弃王位,让爱德华王子接替英国的统治权。

可是事情到这里还没有结束。爱德华三世毕竟还是个孩子,英国实际上处在母亲伊莎贝拉的情夫冒尔第梅的统治下。王太后的这位情夫贪得无厌、暴虐无道,而且在他的撺掇之下,伊丽莎白杀死了爱德华二世和他的弟弟肯特伯爵。贵族和人民由失望发展到憎恨,暗地里将伊莎贝拉王太后称作"法兰西之母狼"。

---

① 拉丁帝国位于今天的比利时、荷兰一带。

第五章
纷争不断的瓦卢瓦王朝（1328—1589）

第一节　英法百年战争爆发

　　法国人迎来了自己的新国王，可是英王爱德华三世却不肯就此罢休。英王爱德华三世在其地位巩固之后，再次提出对法国王位的要求，1337 年，爱德华三世自封为法国国王，入侵法国，挑起了历时 116 年的英法百年战争。引发百年战争的深层缘由还是利益之争。14 世纪初的西欧，有两个非常富庶却也非常棘手的地带，一个是阿基坦，该地区盛产波尔多葡萄酒、食盐，它与西班牙有着紧密的海上贸易往来，它地处法国境内，可是却属于英王的领地；另一个则是佛兰德，该地区以纺织业著称，这里汇聚了众多有钱的意大利商人，每年从英国进口大量的羊毛，它与伦敦有着非常密切的关系，但是这里归属法王治下。英法两个君主国，摩擦和口角时有发生，纠纷日趋严重，直至最后兵戎相见。

『第 1 任国王』
腓力六世（1293—1350）（法兰西国王 1328—1350）

（一）争夺佛兰德地区

　　佛兰德是一个富庶之地，英法两国垂涎已久。早在腓力四世时期就曾想入侵这里，腓力六世即位后，佛兰德内乱，向法王求救，腓力六世顺势出兵，趁机拿下佛兰德。为了打击英国在佛兰德的势力，腓力六世授意佛兰德伯爵逮捕佛兰德地区的英国人,这触怒了英王爱德华三世,于是英王下令逮捕英格兰境内的佛兰德人,并且禁止本国向佛兰德出口羊毛。英国的上等羊毛是佛兰德人最需要的原材料,切断原材料,就是切断了佛兰德的经济命脉,佛兰德人权衡再三,决定背弃腓力六世,他们甚至公开承认爱德华三世是法国国王,是佛兰德地区的最高领主。腓力六世非常生气,他找了个理由,没收了英王在法国的封地。英王爱德华三世没能得到法国国王的宝座,本来就心有不甘,再加上两国长期以来在经济和领地上的矛盾,于 1337 年 11 月 1 日,英王正式向腓力六世下战书,三天后,两国正式进入交战状态,结果这一战,断断续续打了 116 年,这就是著名的英法百年战争。

佛 兰 德

位于欧洲西北部,包括法国北部的部分地区、比利时西部地区和北海沿岸荷兰西南部的部分地带。佛兰德一直是英国和法国长期争夺的目标。最初居住在这里的是凯尔特部落,公元前 1 世纪由罗马人占领这一地区,自 3 世纪起弗里斯人和法兰克人移居此地。5 世纪,这个地区被称为佛兰德(意为平原)。9 世纪,佛兰德成为法兰克王国的伯爵领地,870 年,佛兰德属于西法兰克王国。

在卡佩王朝时期,佛兰德由佛兰德尔伯爵统治。佛兰德尔伯爵是法兰西最重要的贵族之一,属于法国六大贵族之一。其余五个分别为诺曼底、香槟、图卢兹、勃艮第和阿基坦。

早在中世纪初期,毛纺织手工业在佛兰德就发展起来,出现了伊珀尔、布鲁日和根特等城市。到中世纪盛期,这些城市发展成为欧洲的工商业中心。11 世纪的时候,佛兰德发展成欧洲最富有的地区,开始了它的黄金时代。他们从英国进口羊毛,纺成面料卖给欧洲大陆,繁荣的纺织贸易使佛兰德很多城市变得富有,拥有了权力。直到 1300 年,根特、布鲁日、安特卫普等都从贵族条例里获得了城市自主权,发展出令人自豪的城市文化。

(二) 克雷西战役中长弓威力尽现

战争爆发的前几年,双方主要因为制海权而争夺。1340 年 6 月,英军在斯吕斯海战中重创法国海军,法军172艘战舰被击沉142艘,法国海军几乎全军覆没。英吉利海峡牢牢地被英军掌控。事后,教皇出面调解,英法两军休战了几年。

1346年,英军再次发难,爱德华三世率领两万大军渡过英吉利海峡,登陆诺曼底,准备支援佛兰德地区的盟军。腓力六世闻讯,率领6万大军前往迎击。这6万大军中,有1.2万名重骑兵,1.7万名轻骑兵,6 000名热那亚十字弩雇佣兵,还有2.5万名"公社征募兵"。其中重骑兵是精锐,轻骑兵和征募的步兵是辅助力量。

重骑兵的最大优势就是冲击力。连人带马浑身上下用铁皮包得严严实实,在敌人阵地横冲直撞,非常勇猛。但是重骑兵的显著缺点就是很不灵活,一旦堕马,骑士甚至没有任何反抗能力。

法军的重骑兵

英军的长弓

我们再对比一下英军的兵力部署,英军有大量的长弓兵,还有部分骑士和威尔士长矛兵。英军使用的长弓是由紫杉木制造,弓弦由大麻纤维搓制而成。这种弓有2米长,拉开这种弓需要36公斤的拉力,箭的初始速度为60米/秒,基本可以做到50米之内无坚不摧,箭的射程可达360米,而且还能保持很强的穿透力。英军还有一个装备就是拒马,这是一种可以移动的木制障碍器材,即将木柱交叉固定成架子,架子上镶嵌着利刃和尖刺。

英军避开锋芒,在一个叫克雷西的小村庄附近停了下来。欧洲历史上一场经典的以少胜多的战斗将要打响了。我们来看看克雷西的地形特点,它处在法军追击英军的路上,村里有一座小山,小山的左边是茂密的树林,右边是一条河,树林和河之间是小山对面的一小片空地。爱德华三世把自己的队伍分成三队,由"黑太子"和诺萨顿伯爵各领一队,分列左右,自己则统帅第三队在后面接应。"黑太子"和诺萨顿伯爵在部队的两翼部署了许多长弓手。而正对着法军冲锋路线的中路,则设置了大量的拒马,并且挖了许多陷阱、壕沟,然后由英格兰骑士下马作战,坚守住这条中央防线,同时保护后面的长弓手。这样就在克雷西这座小山前布置了一个"凹"字阵型,静候法军进入阵中。

1346 年 8 月 26 日,法军的先头部队抵达克雷西。腓力六世原本想让前队停下来等待,大军到齐之后再发动进攻。但是法军的骑士贵族觉得法军数量上远超英军,而且又在法国疆域之内,更何况高贵的骑士难道还敌不过那些长弓兵吗?腓力六世迫于贵族们的强烈要求,最终决定立刻开战。于是法军一队接一队地向着那座小山发起冲锋。打头阵的是热那亚雇佣军,他们的十字弩射程完全敌不过英军的长弓。这一波冲锋根本冲击不到英军。跟在十字弩兵后面的是法军的步兵,面对英军的长弓兵射击,战斗力更是明显不敌。面对这种战况,腓力六世启动装备精良的重骑兵进攻英军,企图尽快结束战斗。但如果放在开阔的平整地带,重骑兵绝对是一把利剑,可是在克雷西的小山坡上,优势全无,劣势尽现。两侧的河流和丛林限制骑兵展开队形,而且还受到两翼的长弓兵的箭阵攻击,中间的道路泥泞,而且到处是英军事先布置好的陷阱和拒马,很多骑兵纷纷坠马,很快就被威尔士长矛兵击倒在地。

克雷西战役中,法军先后发起了 16 次冲锋,却没有一次能成功地突破英军阵地。法军损失 1.5 万人,而英军仅仅阵亡了数百人。闻名欧洲的法国骑士被英军的长弓兵打败,从此以后,骑士阶层在法国的地位开始动摇。克雷西战役之后,英军乘胜追击,控制了法国本土一个重要军港——加莱。英军占领了加莱后,支援前线的运输补给更加便捷,战争形势愈发有利于英军。但这之后,英军还没有来得及趁机扩大战果,一场席卷整个欧洲的黑死病爆发。百年战争暂时进入"中场休息"。

(三)黑死病肆虐欧洲,中世纪落下帷幕

十四世纪四五十年代,对于欧洲来说是一个极为悲惨的时刻。从 1346 至 1353 年,席卷整个欧洲的"黑死病"夺走了 2 500 万欧洲人的性命,占当时欧洲总人口的 1/3。我们做一组数据对比,可能会让人更加震撼。发生在 20 世纪的第二次世界大战,堪称人类史上最为惨烈的战争,欧洲在二战中死去的总人数占欧洲总人口的 5%。

得了这种瘟疫的患者刚开始时出现寒战和头疼的症状,继而出现一系列生命枯竭的症状,三五天便会痛苦地死去,死后肤色多呈黑紫色,面目骇人。这场大瘟疫有说起源于蒙古的金帐汗国,一直向西蔓延,1347 年由十字军带回欧洲,又一说法是由亚欧商人带到欧洲。1347 年 9 月黑死病首先抵达意大利南部西西里岛的港

口城市墨西拿,11月经水路来到北部的热那亚和法国地中海港口城市马赛,1348年1月攻破威尼斯和比萨,3月占领了居于意大利的佛罗伦萨。佛罗伦萨作为欧洲文艺复兴的中心地带,它的水陆交通四通八达,于是黑死病很快就辐射到欧洲的各个地区。1350年,黑死病的远征又转向北欧和东欧。1352—1353年,最终来到了俄罗斯,最后结束了这次血腥的征程。

当黑死病无法遏制地在欧洲大陆横行时,中世纪就此落下帷幕。无论是主教、贵族、商人还是穷人都无法逃脱这种瘟疫的屠戮,黑死病成为中世纪死神的象征,它直接导致了欧洲发生结构性的变化。黑死病直接动摇了教会的绝对权威,推动了人文主义和宗教改革的产生。人口严重匮乏导致农奴制度瓦解,享乐主义盛行又导致资本主义得以壮大,资产阶级话语权得以加重。封建土地领主们由于劳动力不足而受到重创,城市中的商人和金融家凭借其雄厚的实力和有利于城市发展的契机,迅速积累财富,并且开始进入国家各部门担任重要职务,成了政府的主要决策人。商人和金融家的社会地位开始逐渐高于贵族领主,城市经济的迅速发展为资本主义制度的建立提供了物质载体,欧洲即将从中世纪走入近代社会。黑死病无疑是人类历史上非常惨痛的经历,但正因如此,深重的灾难摧毁了坚固的封建枷锁。有历史学家认为,黑死病是理解14—15世纪欧洲的关键。

第二节　英法百年战争战火重燃

(一) 普瓦提埃战役失败,三级会议重新召开

黑死病夺走了欧洲1/3人口,摧毁了原本的社会结构,财富和疆土有待重新分割,一种新的社会结构迫切地有待确立。于是在1355年即黑死病平息两年之后,英法两国重燃战火。英国"黑太子"率大军渡过英吉利海峡,再次入侵法国,当时的法国国王是约翰二世。

黑太子爱德华接受英王爱德华三世的命令,在法国阿基坦地区进行一场大远征。黑太子率领数千士兵,在阿基坦和法国南部的富庶地区进行了整整八周的破坏性大远征,一路上对所经之处的法国人进行大规模屠杀和洗劫。1356年,黑太子再一次向法国进军,这一次法王约翰二世决心教训一下这个英国王子,两军在法国西部城市普瓦提埃遭遇。约翰二世总结了克雷西战役的教训,认为法国失利的原因是法国人的骑士军团不够强大,因此约翰二世花重金组织起一支更加强大的

『第 2 任国王』
约翰二世（1319—1364）（法兰西国王 1350—1364）

骑士军团,除了法国的骑士和民兵之外,法军中还有大量来自神圣罗马帝国的雇佣兵,以及苏格兰步兵助阵。与法国庞大的军团相比,黑太子的兵力只有 6 000—8 000 人,是法军的 1/3,他排出与在克雷西战役中完全相同的阵势,率先占领优势地形。黑太子的军队里大多是经历过克雷西战役的老兵,其中自然有英国的长弓手。法国人总结了克雷西战役的经验,他们效法英军,让大部分骑兵下马,编为三队,跟随最前面的少量马队一起冲击。但是英军获胜主要并不是靠骑兵下马,而是长弓在发威,法国人却不得要领。更何况,英国骑兵下马是为了加强步兵的防御,而法国人却让骑兵下马,穿着厚重的盔甲徒步进攻。

普瓦提埃战役中,法军虽没有像克雷西战役那样被英军虐杀,但是法军也终究没能抵得住英军的长弓兵,最终法军溃散,损失两千多人。法王约翰二世本人,还有他的儿子、1 位大主教、13 位伯爵、5 位子爵、16 位男爵一起做了英军的俘虏。

国王被俘,法国国内一片混乱,年仅 19 岁的王太子(后来的查理五世)被推上监国之位。为了筹措赎金赎回父亲约翰二世,查理五世只好召开三级会议,由于战争中许多贵族已经阵亡或者被俘,所以这次参加会议的人多数是平民代表。平民代表赶紧抓住时机图谋利益,他们向查理五世提出两个条件:要求处罚他们列出的 22 名贪官污吏,强迫他们把平时私吞的公款吐出来;要求查理五世与会议选出来的 28 名代表共同执政。这两个要求严重地削弱了王权,遭到查理五世严词拒绝,并且解散了三级会议。之后整个巴黎陷入混乱,查理五世只好重新召开三级会议,并且答应:以后每年都要定期召开两次三级会议,征税要先征求三级会议的同意,还要接受三级会议选出来的 36 名代表的监督。这次敕令被称为"三

『第 3 任国王』
查理五世（1338—1380）（法兰西国王 1364—1380）

月敕令"。查理五世虽然答应了平民代表的要求,但是却一再拖延新规定。1358
年,巴黎人民发动起义,冲进王宫,杀死查理五世的几个近臣,查理五世本人被驱逐
出巴黎。

(二) 农民起义风暴席卷法英两国

1358 年在法国爆发了反封建的农民起义,被称作扎克雷起义。扎克雷,源自
Jacques Bonhomme,意即"乡下佬",是法国封建贵族对农民的蔑称。

英法百年战争在法国本土进行,而且战争的第一阶段,法国连遭败绩,农村屡
遭兵祸。英国在法国驻军,四处抢掠践踏,破坏了农村经济。在战争间歇,那些无
所事事的雇佣兵也不时地袭扰农民,影响农民日常劳作。法国封建主也在农村作
威作福,横征暴敛,农民生活急剧恶化,不堪重负。1356 年普瓦提埃战役中,法王
约翰二世和大批贵族被俘后,为筹集国王赎金和战争经费,王太子查理实行了新的
徭役制度,对农民增加捐税,农民对现状日益不满。1358 年 5 月,法国北部的农民
正在田间辛勤劳作,在这个农忙时节,王太子查理发出紧急命令,要求农民放下手
中的农活去围攻巴黎,并要求巴黎附近的各区县加紧修筑工事,筹集军饷。这是怎
么回事? 原来是王太子为了筹措赎金和军饷,在巴黎大搞独裁,横征暴敛,巴黎市
民不堪忍受,故而发生暴动,王太子查理被逐出巴黎。为了镇压巴黎市民的暴动,
王太子就发出这个命令。谁知这个命令刚一传达到农村,就点燃了农民们的愤怒。
在农民吉约姆·卡勒的带领之下,农民们爆发出雷霆般的怒吼:"消灭一切贵族,坚
决不留一个!"参加起义的人数很快发展到十几万。卡勒将农民组织成几支部队,
四处攻打封建贵族和领主的城堡和府邸,杀死贵族,捣毁他们的住处,焚毁他们的
田契、账簿。起义军一边战斗,一边扩大队伍,沿途吸收了大批的城市贫民。领导
巴黎市民起义的商会会长艾田·马赛得知农民举行了声势浩大的起义,赶忙请求
农民军充当外援。这样,城乡的起义力量聚合起来,声势更加壮大。

封建贵族和领主慢慢从惊慌失措中清醒过来,他们迅速联合起来。为了镇压
起义,查理五世甚至和他父亲约翰二世的仇敌纳瓦尔国王查理二世(恶棍查理[①])
联手,组织了一支军队对抗起义军。为了守护阶级利益,有些英国的封建领主也派
兵前来镇压起义军。

6 月 10 日,在博韦附近的麦罗,卡勒聚集了起义军主力,准备与恶棍查理的军
队进行决战。卡勒将起义军每 10 个人编成一个小队,10 个小队合编为一个中队。

---

① 恶棍查理是法王约翰二世的女婿。他背叛岳父,与英王爱德华三世交好。

各中队长直接由吉约姆·卡勒指挥。吉约姆·卡勒富有智慧和远见，他十分清楚地懂得农民非常需要市民作为强有力的同盟者，于是派遣代表团到巴黎去请求援助。但是，在这紧急关头，市民起义的领袖艾田·马赛背叛了起义军，他在吉约姆·卡勒急需兵力的时候，调回自己的队伍，使农民暴露在装备精良的敌人面前。这些掌握了城市管理权的富裕市民不敢与起义农民结成同盟，他们担心自己的地位和财产受到损失，他们宁肯在统治阶级让步以后，与统治阶级结成同盟，也不愿意和革命的人民结成联盟。但是，农民起义军毫不畏惧，他们共有七千余人，排列成整齐的阵形，持着比较精良的武器，随时准备与查理血战到底。老奸巨猾的查理当时只有一千多人，他看到起义军秩序井然，威武雄壮，不敢直接用武力对抗，于是假意邀请卡勒到查理军中进行谈判。不料恶棍查理竟背信弃义地将卡勒扣留起来，严刑拷打，并将烧红的铁环作为王冠戴在他的头上，卡勒就这样被折磨至死。恶棍查理趁着起义军失去领袖之机，率领大军疯狂扑向起义军，农民军群英无首，在慌乱中节节败退，一路遭到血腥屠杀。后来，贵族、骑士们砍杀累了，就把农民军一群一群地赶到河里淹死。这一天，被杀害的"扎克雷"达七千人之多。统治者的阶级敌对情绪泛滥，丧心病狂，开始四处镇压农民，到 6 月 24 日为止，残杀农民达两万多人。直到两个月后，贵族们担心没有人给他们收割庄稼，对农民进行的镇压才算停止。扎克雷起义失败了，不久之后，巴黎市民的起义也以失败而告终。

扎克雷起义是法国历史上规模最大的一次农民起义，在英法封建贵族的联合镇压下失败了，但却沉重地打击了封建统治者，震撼了交战中的法英两国。不久，这场风暴就刮到英国，使英国贵族也遭受了血腥的洗礼。因此，扎克雷起义在历史上有着深远的影响和重大的历史意义，它给后世的农民斗争提供了血的经验教训。

起义被镇压之后，法国已经千疮百孔，百业俱废。1360 年，英王爱德华三世再次领军逼近巴黎，此时王太子查理已经无力抵抗，于是与英王签订了《布雷蒂尼和约》。条约规定：查理五世答应让弟弟安茹公爵路易和其他 40 名贵族到英国交换他的父王约翰二世回来，半年之后再用赎金赎回路易等人；又割让将近 1/3 的领土给英国，让战争暂时得以停息。然而赎金迟迟不来，弟弟路易便偷跑回国。这本来是一件喜事，但富有骑士精神的父亲约翰二世为了遵守合约，又亲自跑去英国当人质，为此他获得了"好人"约翰的称号。1364 年好人约翰在英国病逝。

和约之后的二十年间，英国国内忙着平定农民起义。法王查理五世趁着英国内乱的时机，在法国国内进行了一系列改革，恢复国力。他主要依靠小贵族和市民作为同盟，强化税收制度，加强王权。他启用名将德·盖斯克兰，采取游击战战术，并使用一部分雇佣军来增强军队的战斗力。在充分加强了国家机器之后，查理五世于 1369 年向英格兰开战。他的战争进行得很顺利：1372 年收复普瓦提埃和布列塔尼，1373 年又击溃南下波尔多的英军。到 1374 年，英国人手中只剩下五个港口：加莱、布雷斯特、瑟堡、波尔多和巴约讷。同年查理五世与英格兰缔结 3 年停战和约，将大部分收复的失地划归王室直辖。1377 年，他又向英国人发动进攻，到 1380 年，除了加莱、布勒斯特等个别沿海城市，法军几乎全数收复故土。不过查理五世的改革存在着很多隐患，它主要是通过集中使用有限的资源和使人民生活恶化实现的。查理五世死后，各种矛盾便一齐爆发出来，以至于英王亨利五世在 1420 年又攻占了大半个法国。

查理六世受封国王的时候，只有 12 岁，因为年龄太小，法国被他的几个叔父把控着。他们疯狂地压榨民众，提高税率，法国国内民不聊生。查理六世长大以后，终于掌握国内政权，他罢黜了叔父们的职权，选贤任能，制定并实施了一些有效的改革措施。

『第 4 任国王』

查理六世(1368—1422)(法兰西国王 1380—1422)，疯子查理

可是到了 1392 年，查理突然精神上出了问题，成了精神病患者。于是法国政权再一次旁落，民众的生存环境更加恶劣。法国大贵族以奥尔良公爵和勃艮第公爵为首，相互争权夺利，内斗不休。然而这个时候的英国已经平息国内的农民起义，遂趁着法国内讧，向法国发起战争。

(三) 阿金库尔战役失败，法国面临亡国

1415 年 8 月，英军开始围攻哈福娄港，但遭到守军顽强抵抗，直到 9 月围攻战才得以结束。英军虽然赢得了胜利，但却由于疾病损失了 4 000 余人。英王亨利五世不得不率领剩下的部队(约 9 000 人)前往英国在法国北部唯一的根据地加莱港，沿途亨利五世感染痢疾，一路损兵折将。而此时的法军正全力集结并调动了军力。10 月 24 日夜晚，当双方军队正面遭遇时，英军已经 4 天没有正常的伙食供应，士气低下。而且因为无法避雨而不得不淋受大雨。几天来，亨利五世一直避免交战，但这次似乎是在劫难逃。交战地是名叫阿金库尔的村落，放眼望去，阿金库尔村外处处是法国人的帐篷，闪动着明亮的篝火。英军曾经派人去和法国人谈判，可惜在这种敌我形势不对等的情况下，遭到拒绝也是情理之中。

　　10月25日,法军将士精神振奋,准备一举拿下英军。而且法军的贵族还扬言说要砍掉英军长弓手右手的两个手指,叫他们再也不能拉弓射箭。而英国兵士接连几日又冷又饿,再加上遭受雨淋之苦,双方对峙僵持4小时后,他们决定率先向法军推进,准备誓死一搏。当时法军和英军之间的距离大约是1 000码①,分隔两军的是一片麦田,连日的秋雨使人踩上去非常泥泞,身穿盔甲的人尤其难以行走。

　　再来看看两军的战略部署。法军把军队分为三道阵线,第一线的两翼是重装骑兵(右翼800,左翼1 600),中间是4 000名下马的重装步兵。第二线也是重装步兵,约3 000—5 000人。在这两线间配置了近5 000名弓箭手和十字弓手,还有几门大炮。第三线是无人指挥的近万骑兵,他们中有很多是第一次参加作战的年轻骑兵。英军的阵型是这样的:英军面向北一线排开,两翼是长弓手,中间是下马的重装步兵。英军两翼与两侧的树林相接,分为前、中、后三层,每层四排。战前,亨利鼓舞士气,告诉长弓手说要想不被砍手指就得拼命!生死一搏的紧要关头,英军向前推进得既谨慎又隐蔽,且始终维持着良好的秩序,他们在距离法军250—300码的地方,即长弓的有效射程范围内,便停了下来。弓箭手将事先准备的尖木桩插入地面,在阵地前面排出一道密密的栅栏,英军做好了背水一战的准备。法国人似乎对英军的防御工事毫无忌惮,也没有做任何的防备措施。

　　战斗打响了,法军开始行动,前面的十字弓兵战略性地射击完后,纷纷后退躲避英国人的弓箭,两翼的骑兵迫不及待地开始第一波冲击。根据计划,左翼的1 600名骑兵和右翼的800名骑兵应该保持队形,从两翼夹击英军阵地。但是英军的两翼都有树林,无法完成夹击。那么法军应该绕过整个战场,从后方突击英军,或者干脆攻打英军的营地。但是法军仗着兵多马壮,根本没有把已经淋得像落汤鸡一样的英军放在眼里,哪里还管什么战略战术。两翼的骑兵径直向敌人的正面杀去,在泥泞的麦田里深一脚浅一脚地向英军阵地冲锋。结果,等待他们的是一排排木桩和箭雨。法军右翼副指挥官威廉爵士下令骑兵跳过篱笆,继续冲锋。他一马当先,猛然一跃,却刚好撞上木桩,他本人直接从马鞍上飞了出去,一头扎在泥地里。如果放在以往的战斗中,有爵位的贵族骑士如果战败的话只会被俘,然后由家人拿钱赎回,可是如今的英军将士已经窘迫了多日,哪里还管得了敌人是什么身份,大家不由分说直接上来就将倒地的威廉爵士刺死了。剩下的骑士看到指挥官战死,遂乱作一团,右翼的冲锋就这么仓促地结束了,左翼的冲锋的情况也相差不多。第一线的左右两翼骑兵战败纷纷后退,第二线的步兵大军立即挺进,可是这一

① 1码(yd)=0.914 4米(m)。

退一进的两拨人在途中相互冲撞，相互推搡，法军战场乱成一片。

看到这种情形，英国的长弓手趁势加强攻势，发起箭雨。再加上英军背后是秋日晕阳，法军第一阵线和第二阵线的重装步兵则迎着刺眼的阳光向前挺进，哪里还招架得住英军长弓兵的箭雨，更何况法军的兵士们还身披重甲。当两军相距约 50 码时，英军长弓兵径直把箭射进法军兵士盔甲的缝隙里，受伤的兵士倒地不起，后面的兵士纷纷被绊倒，战斗形势对法军非常不利。两军人马终于相遇，开始短兵相接，英国遵循克雷西战役的传统，骑士下马手持重剑，掩护长弓手；而法军兵士更多使用长戟，要知道近距离博弈，而且还是密集型阵列，长戟不好施展威力。在这场乱斗中，英国人最初被数量压退，遭受到相当的损失，这时英军的主力来了，轻装的长弓手纷纷扔掉弓箭，抄起手头的各种武器，包括砍刀、锯子和手斧，这些轻型的装备此刻显得极为有效，他们没有盔甲的拖累，不会陷到泥中，可以轻而易举地把重装兵士绊倒在地。就这样，法国主力部队的第一阵和第二阵被彻底打退，有些死了，有些倒在泥里，剩下一些人拔腿往回跑，但是却与不明状况仍向前冲的兵士们又一次相互冲撞在一起，混乱和悲剧成为这场战争的主基调。皇室总管和大元帅都在第一阵中，前者战死，后者被俘。

此时在整个战场后方，法国的第三阵依然完好无损，他们目瞪口呆地看着战局发展，前两阵都被击败这超出了他们的作战规划，面对这种情形，纷纷掉转马头，四下散去。

从英军推进到战斗结束，只进行了半小时（也有资料说两到三小时）。法国名义上的最高指挥查理六世并未在现场参加指挥，理论上的指挥官是皇室总管德勒伯爵查理·阿布莱特和法国大元帅布锡考特，但是由于参加的大贵族太多，实际上这两人并没有足够的权力来管制所有人。阿金库尔战役就此收场，法国方面死亡了 5 000 名大小贵族，包括 3 名公爵，5 名伯爵和 90 名男爵，更有 1 000 多名贵族被俘，包括大元帅（未被赎出，1421 年死在英国）和奥尔良公爵，加上一半的小兵步卒，法国损失过万；英国方面战死的贵族只有 13 人。其中包括爱德华三世的孙子约克公爵，长弓手战死者有 100 人左右。

面对昨天还不可一世，今天却成为俘虏的法国人，英国人得意洋洋地伸出右手的两根手指，向法国人炫耀："法国佬，不是要来砍手指吗？看，还在呢！"至此，代表胜利的 V 字手势，开始流传开来。

阿金库尔之战，法军损失惨重，再也无力与英军正面战场直接对抗。1420 年，法国被迫与英国签订了《特鲁瓦条约》，查理六世把自己的女儿凯瑟琳嫁给亨利五世，并且承认亨利五世为法国的摄政王。条约规定查理六世去世之后，亨利五世自动继承法国王位。然而,亨利五世居然比查理六世提早去世。因此,1422 年查理六世去世的时候,由英王亨利五世的儿子亨利六世继承英法两国的王位。当时亨利六世还只是一个婴儿,所以由他的叔叔贝德福德公爵担任摄政王。于是一个婴孩君临英法两国。一场混战势必又将开场。

(四)王太子查理对圣女贞德的倚靠与背弃

查理七世是疯子查理六世的第十一子,他于 1417 年被封为王储,但是 1420 年《特鲁瓦条约》签订之后,王太子查理的处境极其尴尬。1422 年父亲查理六世去世,根据条约,英王亨利五世年仅一岁的儿子成为国王亨利六世,并在巴黎的圣丹尼教堂举行加冕礼。与此同时王太子查理逃往布日尔,也宣布继承王位,自称查理七世。从此就有了三个法国:一个是英国人的法国,疆界从吉埃内到加莱,包括诺曼底、韦克森、曼恩、皮尔卡迪、香槟、法兰西岛;一个是勃艮第的法国,除勃艮第公国之外,包括内韦尔伯爵国、佛兰德和北方的阿图瓦,不久又包括巴伐利亚的雅克琳让予的弗里兹和布拉邦特;第三个是太子查理的法国,国土只限于布日尔附近地区。所以查理七世被戏称为布日尔之王。

1428 年,英军南下,奥尔良这座通往法兰西南部的重要门户,陷于英军的重重包围。节节失利的法国此时在卢瓦尔河北部只剩下这一座城,一旦失守,意味着法国将全面沦陷,而且此时的奥尔良城已经被英军围困近 200 天,法军已经山穷水尽,法兰西王国几近灭国。就在这个国家和民族危难的时刻,一位名叫贞德的少女走进了人们的视线。

圣弥额尔
基督教文化中,他是天主身边的首席战士、天使军最高统帅

贞德出生于法国香槟—阿登大区和洛林大区边界一个叫作栋雷米的村庄,它属于法国东北部仍然忠诚于法国王室的一小块孤立地区之一,贞德从小就多次目睹英军洗劫自己的村庄。相传 1429 年的一个春日里,贞德正在一棵大树下歇息,这时她听到一个声音在对她说话,眼前看到的是一团奇异的光圈,在异光中,她辨认出显现者的面容,是大天使圣弥额尔、圣女玛加利大和圣女加大肋纳。那个声音告诉她:要赶走英格兰人,并带领王储到兰斯进行加冕典礼。神奇的声音催促贞

德到奥尔良指挥军队作战。贞德说,身为一个弱女子,不会骑马,不会使用武器,如何指挥军队呢?那个声音回答道:指挥战争的不是你,是天主。1429年3月6日,贞德改扮男装,辗转托人,终于得以觐见查理王子。在觐见那天,为了考验她,查理王子混在大臣们中间,贞德受神的指点认出了查理,赢得了众人的认可。

1429年4月27日,王太子查理封贞德为"战争总指挥",赐她战马盔甲。贞德高举着一面绣着"耶稣玛利亚"的大旗,率领3 000—4 000人,向已经被英军包围半年之久的奥尔良进发。4月29日贞德的军队到达战场,贞德无视其他经验丰富的指挥官制定的作战计划,她主张采用正面的猛烈攻势来进攻英军堡垒,在每一场战斗中她都身处最前线,并随身带着她那面旗帜。贞德的武器只有一把剑和一面旗帜,她说:"我爱的我旗帜四十倍于我的剑。"她持续领导着军队取得了一系列不可思议的胜利,扭转了整场战争的局面。

奥尔良战役迅速胜利,法军开始计划进一步的攻势。按英格兰人预期,法军的下一个目标会是巴黎或诺曼底,但贞德却决定直接朝兰斯进攻,这是一个相当大胆的提议,因为抵达兰斯的距离是巴黎的两倍,而且已经深入敌军领土,这个提议一度遭到众将官们的质疑。但是在贞德的带领下,法军一路北上,6月12日攻下了雅尔若,6月15日攻下卢瓦尔河畔默恩,接着在6月17日攻下博让西,这一系列的胜利渐渐让众将领们心服口服,大家纷纷转而支持贞德。6月18日,英格兰援军到

达,英军指挥官为约翰·法斯托夫,这场帕提战役可以看作是阿金库尔战役的逆转:英军长弓兵的阵势尚未准备完成,法军先锋部队便发动突袭,在接下来的战斗里歼灭或俘虏了大批的英军,并俘虏英军指挥官。法军在战役中只承受了极小的伤亡。6月29日,法军开始从卢瓦尔河畔默恩进攻兰斯,并于7月3日在与勃艮第城市欧塞尔的谈判中使欧塞尔保持中立,法军于是得以通过,其他途经的城镇也都毫无抵抗地重归法国。1429年7月16日,贞德攻破兰斯,并以上帝的名义协助王太子查理在兰斯加冕即位。

奥尔良少女贞德
在查理七世的加冕典礼上

查理七世成为国王,有意封贞德为贵族,但贞德没有接受。

1430 年 5 月 23 日,在一场小规模战斗中,因战斗形势需求,贞德下令军队撤退回贡比涅城,她负责殿后以确保所有人都退回城里。但就在这时,贡比涅城因为害怕英军跟着闯入,没等到所有部队撤回便将城门关下,贞德与剩余的后卫部队便遭到勃艮第人俘虏,而后贞德被以 4 万法郎的价码卖给了英国人。查理七世并未筹谋营救贞德。

贞德被俘虏了。但是战俘是不能被判刑的。所以英国人找借口指控贞德施行巫术,并把她送上宗教法庭。1431 年贞德在卢昂被判处为巫婆异端,被处以火刑,年仅 19 岁。面对死亡,贞德异常平静,她说:"为了法兰西,我视死如归。"到这一年为止,英法两国之间的战争已经持续了 94 年。

"贞德"被称为"奥尔良少女",1920 年 5 月 16 日被封为"圣女"。在圣女贞德牺牲之后,法国人民对英军的仇恨全线引爆,大家团结在法国王室周围,为贞德复仇而战,为法兰西而战! 1453 年,也就是贞德牺牲 22 年之后,法国终于收复了除了加莱港以外的所有国土。英法两国签署和约,百年战争结束。

火刑柱上的贞德

第三节　法兰西迎来短暂的平静

(一) 胜利王推行改革,负重前行

查理七世生逢乱世,他善于抓住一切机会,改变自己和法兰西的命运。他虽然无力开疆扩土,却为法兰西的强盛打下了基础。百年战争中,查理七世取得了最后的胜利,但由于他背弃了曾经帮助过自己的圣女贞德和下文即将提到的雅克·科尔,所以他并不被后人传诵,甚至还备受指责。但就是这样一个青年,从王储到国王,从分裂到统一,促成了法兰西日后的强大。尼可罗·马基亚维利曾坚信:"君主,特别是新君主不能保持所有那些受人尊重的品格,为了保有国家,他常常不得不背信弃义,与友谊、人道和宗教背道而驰。"

查理七世统治早期的法国领土狭小,物质资源并不丰足,奥尔良是其领地上唯

一的大城市,所以查理七世时常被敌人讽刺地称作布日尔王。1435 年查理七世与勃艮第公爵好人菲利普和解,获得了收复巴黎的机会。1436 年查理七世进入巴黎,而后开始进行一系列重大改革。对于法兰西后来的统一和强盛,查理七世功不可没。

查理七世制定税收制度,通过三级会议①获得征税的永久权。他所规定的三种税一直施行到 1789 年法国大革命爆发:一是货物税,二是盐税,三是农作物收成和所拥有金银多寡所抽的税。

查理七世改革军队,取消封地征兵制和雇佣军,建立正规军。以二十个优选骑兵连组成第一个常备王军,由国王挑选的连长率领;一支给饷的军队骨干,派驻戍防城市;编整自查理五世时期成立的辅助性的自由弓手,置于王室监督和地区指挥官之下,成立炮兵队,这样不仅增强了战斗力,还改变了过去在战争尾声中的大肆劫掠行为,也为战后重建提供了保障。马基雅维利曾认为:"如果查理国王的法规制度得到发展或者坚持下去的话,法国一定是不可战胜的。"

查理七世在文化上促进了印刷术的传播和发展。1458 年查理七世派王室铸币师尼古拉·詹森到美因茨学习新的印刷术,虽然他没有回到法国,却在威尼斯创建了世界上最知名的印刷厂。他创制的精美绝伦的罗马活字字体,受到全欧洲的效仿。

1438 年查理七世颁布布日尔国事诏书:"确定教会会议高于教皇;取缔向教皇献纳第一年年俸金的制度;规定教会会议十年一次;保持法国教会自由,并同罗马隔绝。"

1440 年查理七世平定了布拉格里的大贵族叛乱,解除了国家不稳定的因素;他重组政府,起用市民充当顾问,设立高等法院。

查理七世统治时期,还有一个重要人物我们必须谈一谈,他就是建立庞大商业帝国的雅克·科尔。

雅克·科尔是一个比法兰西国王更有权势的大商人。他从事多种贸易,他的商业网从法国连绵到东方和西班牙。为了管理这个商业帝国,他在世界各地都拥有数以百计的代理

雅克·科尔

---

① 1439 年后,查理七世不再召开三级会议,独揽大权。

人,几乎在法国的每一个省和许多国家的主要城市都建有货栈,以集中附近的地方产品。与他同时代的人曾经这样评论他:他每年获得的财富超过王国所有其他商人所得的总和。这充分显示了百年战争后法国崛起的商人精神和社会进步。雅克·科尔是个成功的商人:1427年他获得在布尔日铸造王室钱币的特权;1436年被任命为铸币总监;1439年成为国王的财政总监;1442年他进入了参政院,并被封为贵族。雅克·科尔成了国王的重臣,不仅因为他恢复了不断贬值的货币,而且其巨额资本也成为国王征战的坚固后盾。从1449年至1450年,雅克为查理七世从英国人手中夺取诺曼底筹措资金;在1450年他送给法王6万金币作为围攻瑟堡的费用。

雅克·科尔造就了一个商业帝国,但终究敌不过查理七世的政治地域帝国。1450年的夏天,国王控告雅克·科尔毒害王后阿涅斯·索雷尔(其实是1450年2月9日分娩时死去的),雅克被剥夺了所有财产。据说,光拍卖他的财产就花了好几年的时间。但是,令人不解的是雅克·科尔临终时,却将自己的子女托付给国王查理,而且国王查理也将雅克·科尔的部分财产归还给他的子女。

(二) 十五世纪最有作为的法王

『第 6 任国王』
路易十一世(1423—1483)(法兰西国王 1461—1483)

路易十一是法王查理七世的儿子,他在杜莱纳的洛什城堡中度过了童年时代,这里几乎与世隔绝,因此他寡言、阴沉、性格多疑。1436年,13岁的路易与苏格兰的玛格丽特结婚,这是一次纯粹的政治婚姻。

1461年查理七世去世,路易继任法国王位。路易十一在位期间,他力图统一法国领土,把绝大部分精力投入了与大封建领主的斗争中,这场斗争集中表现在与勃艮第公爵大胆查理(善良腓力之子)的多次较量中。勃艮第诸公爵,一心想要脱离法兰西,建立一个能与法兰西匹敌的独立王国。因此,双方争斗无可避免。

另外,路易十一在下层贵族和中产阶级中录用人才,不考虑地位、出身,甚至品德。录用人才的标准是有能力、对国王忠诚,当然这项政策遭到地位显赫的封建贵族强烈不满。他还强迫教会公开所有财产,否则全部予以没收,教会对此耿耿于怀。王室诸亲王,如安茹、布列塔尼、波旁等家族对国王限制他们独立的政策更是心怀不满。

路易十一被称为"万能蜘蛛",素以诡诈、机智、老练,并具有惊人的活动能力闻名。他不是一个优雅的国王,也完全不接受"骑士精神"的束缚。百年战争中,骑士一次次被击败,百年战争之后,骑士阶层逐渐退出历史舞台。路易十一仍保留着查理七世建立的常备军,但是在统一领土活动中,除了诉诸武力,他宁愿更多地利用继承权和外交作为手段以达目的。1482年,大胆查理一死,国王军队立即乘势长驱直入勃艮第,法国终于收回勃艮第公爵领地、皮卡迪和布洛纳。勃艮第伯爵领地和阿图瓦也因为奥地利公主的玛格丽特和路易十一的儿子太子查理的婚姻,作为嫁妆带回法国。

经济政策和统一领土政策密不可分。路易十一对资产阶级采用了拉拢政策,他认为财富属于权力的象征,而且他需要资产阶级的支持来对付叛乱的领主。路易十一在资产者中间选择司法和财政官员,富裕起来的资产阶级则从财政上来支持国王的军事和政治目标。他实施的政策促进了手工业和商业的繁荣,如在里昂有养蚕业、丝织业,在巴黎出现了印刷业,此外,他还鼓励开发矿业。

1483年8月,他因脑溢血死于普列西·列·土尔城堡。

第四节　法国中世纪终结,君主专政时期到来

从公元476年到1453年,法国中世纪持续了长达10个世纪之久,历经了墨洛温王朝、加洛林王朝、卡佩王朝和瓦卢瓦王朝的统治,却始终没有建立起一个强而有力的国家政权。那个"黑暗时代"的法国,被认为是欧洲文明史上发展非常缓慢的时期,封建割据林立,战争频繁,人们的思想深受基督教禁锢,这些都造成法国科技和生产力发展停滞,人民生活极度困苦。

15世纪中期,中世纪特有的骑士阶层褪下华服,告别了历史舞台。骑士出现于8世纪,骑士制度盛行于11—14世纪。基督教会和贵妇沙龙促使骑士成为有教养、懂礼貌的一个群体。这期间出现了很多反映骑士生活理想的文学作品,骑士文学对后世欧洲诗歌和小说有着很大的影响,骑士精神也影响了法国几个世纪。但是在13世纪,情况发生了改变。首先,封地世袭制深刻地削弱了王室的利益,国王与封建主之间的矛盾日趋明显。另外,骑士们生活日渐奢靡腐化,甚至无力购买骑士的装备。再者,骑士们每年服役时间很短,且平时疏于操练,战斗力大大下降。在英法百年战争的几次经典战役中,英军的长弓手一次次把法军骑士牢牢地制伏。

当欧洲进入君主专政时期时,骑士已经无法满足时代的需求,从而也就退出了历史的舞台。

而且,经过英法百年战争的摧残和骇人的黑死病之后,人们开始思考人性和人的价值,主张自由平等和实现自我价值成为一种社会思潮。在15世纪中期文艺复兴运动扩展到法国,一场轰轰烈烈的思想和文化运动,给法国以及整个欧洲带来一段科学与艺术的革命,这揭开了欧洲近代历史的序幕。

文艺复兴运动如火如荼,新兴资产阶级崭露头角。日益增长的财富使得这个新兴的阶级迫切地想要得到在政治上的对等权力,可是这无疑侵犯了封建大贵族们的权益,于是这新旧两个阶级之间的矛盾日渐突起。在这种形势之下,国王成了双方的调停者,并且顺势凌驾在了这二者之上,在这种时代背景之下,法国封建君主专制制度得到了充分发展的土壤,国王把大权集于一身,拥有绝对的专制统治权力。在君主专政的鼎盛时期,国王颁布的诏令往往用"这就是朕的意志"作为结束语。

第五节　法国最后两位"中世纪式"君主

『第 7 任国王』
查理八世(1470—1498)(法兰西国王 1481—1498,那不勒斯国王 1485—1498)

查理八世上台之后,法国国力虽然强大,然而内部纷争不断,这导致查理政权时时处在令其缺乏安全感的状态下。于是查理八世决定入侵意大利,通过对外战争的胜利来巩固自身的统治地位。于是长达 65 年的意大利战争爆发了。当时的意大利是一个经济与文化都达到空前繁荣的富庶国家,然而这个国家的政治体系却破败不堪,国防力量严重缺乏,这自然引得周边强邻垂涎三尺。

1494 年 1 月,那不勒斯国王斐迪南一世去世,法王查理八世一边宣布自己有权利继承那不勒斯王位,一边率领军队开赴意大利。1495 年 1 月,查理八世接受罗马教皇任命,成为那不勒斯国王,2 月 23 日率军进占那不勒斯。法军沿途肆意掠夺,并且设立并征收新的捐税,这激起了意大利人民的愤慨。欧洲其他邻国一方面害怕法国势力加强，同时害怕意大利发生全面起义，于1495年3月，教皇国、神圣罗马帝国、阿拉贡、米兰、威尼斯组成神圣同盟，联合攻击法军。而此时的法军根本无心作战，他们在意大利肆意胡为长达一年，而且很多战士还得了性病。查理八世决定扔下沉重的火炮和重武器，带上掠夺来的金银财宝，下令往法国撤退。同盟军在福尔诺沃追上法军，当时查理八世只剩下8 000名骑兵和4 000名瑞士重步兵，而同盟军的兵力是法军的两倍，同盟军的主帅冈查加打算就地消灭法军。他的计划是首先由步兵强行渡河牵制法军，再用骑兵迂回到法军两翼，破坏法军阵型，然后步兵骑兵夹击消灭法军。可是由于盟军成员国各怀心思，骑兵迟迟不出动，查理八世趁势抛弃了瑞士步兵，带领骑兵逃走了。法军成功突围后，仍然不断地遭到游击队伏击，而且一路上受疾病困扰，等到逃回法国的时候，军队几乎损失殆尽。

战后查理八世心有不甘，意欲整顿军队，卷土重来，可是在一次看网球赛的时候，查理八世被一扇脱落的门砸死了。查理八世死后没有子嗣继承王位，他的三个儿子已经先后在1495—1498年间去世。查理八世因此是瓦卢瓦王朝最后一位嫡系国王。

接下来继任法国国王的是路易十二，他的爷爷是法国国王查理六世的弟弟路易一世，属于瓦卢瓦王朝奥尔良支。在路易十二统治期间，他致力于改革司法系统，减轻赋税，因而获得"人民之父"的称誉。当然意大利战争仍然是这段历史时期的欧洲

『第8任国王』（奥尔良支）
路易十二世（1462—1515）（法兰西国王 1498—1515）

大形势。1508年，他参加了教皇国组织的"康布雷同盟"。同盟国还有西班牙、英国、神圣罗马帝国等，目的是遏制威尼斯对意大利北部的扩张。当然，路易十二还想趁机实现自己的野心，染指意大利。结果欧洲几国，因各自不同利益，心怀鬼胎，陷入混战。这个时期的意大利战争已经演变成许多大国卷入的欧洲战争，并在此后的近半个世纪令法国无法自拔。1515年，路易十二抑郁而终。

查理八世和路易十二这两任国王花费了极大的精力企图用武力征服意大利，然而却丝毫没有领悟到意大利这片文艺复兴发源之地所发出来的智慧之光。这两位君主只是和以前的君主们一样：扩展土地，加强王权，因而被认为是最后两位

"中世纪式"的法国君主。当然在两位国王在意大利接连不断地攻城略地时期,法国人和意大利人在一种特殊的条件下发生了密切接触。随着这种接触的加深,源于意大利的一些新思想传播到了法国,下一任法王弗朗索瓦一世正是属于在这个特殊历史时期成长起来的一代。

第六节　意大利战争的历史意义

『第 9 任国王』(昂古莱姆支)
弗朗索瓦一世(1494—1547)(法兰西国王 1515—1547)

弗朗索瓦一世是国王查理五世的玄孙。1515 年路易十二去世后,没有子嗣,于是弗朗索瓦继承了王位。

弗朗索瓦一世的对外政策与前两位国王一脉相承。十五世纪末至十六世纪初,法国为了巩固它在地中海的贸易地位,为了满足封建贵族向外占据土地、掠夺财富的欲望,采取了侵略意大利的政策。弗朗索瓦一世和英格兰国王亨利八世以及神圣罗马帝国皇帝查理五世是同时代人,而查理五世正是他一生都在面对的可怕对手。他与查理五世之间的战争,互有胜负,他俩的儿子亨利二世和腓力二世还在孜孜不倦地继承亡父的遗愿,斗得你死我活。最终,意大利境内联合起来的各小国在西班牙国王斐迪南二世和德意志神圣罗马帝国皇帝马克西米利安一世的支持下奋力抵抗,法军不得不撤离意大利。直到 1559 年,双方在康布雷齐签订和约,长达 65 年的意大利战争终于结束。和约规定,法国收复加莱,放弃大部分意大利领土,继续拥有梅斯、图勒、凡尔登三个主教管辖区,西班牙取得对意大利的支配权。

意大利战争是 15 世纪末期至 16 世纪中叶神圣罗马帝国、西班牙与法国为争夺意大利进行的一系列战争的总称。意大利战争的这几十年间,是欧洲进行新航路开辟的时期,各国都在力争上游。国内工商业迅速复苏,纺织、造船、军工几个行业都得到蓬勃的发展。国内的社会状况发生了改变:大多数农民获得了人身自由,摆脱了农奴的身份;大量贵金属涌入而导致通货膨胀,加快了封建领主阶层的瓦解过程。中世纪时期,封建领主的主要收入是农民缴纳的地租,但是地租一旦确定下来则不能轻易改变,而以前定下来的租金,在通货膨胀的时代购买力严重下降。以前依靠军功而获得封地的"佩剑贵族",和现在从商人入仕的"穿袍贵族",他们互相打压。"佩剑贵族"希望国王能拥有强大的王权,来维护他们手中仅有的封建利益;"穿袍贵族"也希望国王能够大权在握,维持国内的统一市场,让他们更好地做生意。王室利用这个机会,逐渐确立了君主专制。意大利战争后,法国将迎来一个国王拥有至高无上权力的时代。

意大利战争(1494—1559),是欧洲大陆上一场跨世纪的浩劫,也是欧洲一个具有代表性的转折点。从军事角度看,意大利战争有着非常重大的意义。在这次战争中,火炮和火绳开始被广泛运用,近现代军事技术崭露头角。另外,意大利战争直接导致了意大利城邦国家体系的覆灭,也由此揭开了近代欧洲首轮霸权战争的序幕。这场战争,促使欧洲经济政治中心由地中海转至大西洋。在漫长的战争结束之后,一个以西欧为核心的欧洲国家体系初步形成,这为十五世纪中期威斯特伐利亚国家体系①的最终确立奠定了重要基础。不仅如此,意大利战争也令当时的欧洲主权地位得到了加强和巩固。英法等国通过政治体系的改变逐渐成为欧洲新一代的强国,其民族意识和反侵略意识都有了大幅提高,这对近代欧洲民主主义的觉醒有着极其深远的影响。同时,随着战争国际影响的扩大,意大利城邦国家体系中常设外交代表的制度得到了普及和推广,由此开始了将欧洲各国全面纳入多边国际政治结构的时代,这是意大利战争意义中积极进步的一面。

第七节　法国第一位"文艺复兴式"君主

十五世纪末叶,中世纪"黑暗时代"衰败,资本主义经济得到发展,人文主义崛起,文艺获得"复兴",法兰西民族在经历了漫长的分裂割据之后终于形成,并建立了统一的中央集权国家。在这种时代巨浪下,人们日渐摆脱了对土地和封建贵族的严重依赖。农奴摆脱了身份限制,有了按自己意愿发展的自由;很多"巨匠"从社会底层不断涌现,文艺繁荣,城市经济发展迅猛;弗朗索瓦一世思想新颖,崇尚文艺复兴,他摆脱了中世纪的社会等级观念,成为法国第一位"文艺复兴式"

---

① 威斯特伐利亚体系是象征三十年宗教战争结束而签订的一系列和约。

君主。

弗朗索瓦一世在位时,随着资本主义经济的发展,资产阶级和新兴贵族崛起,但是经济上尚未成熟,政治上还比较软弱,非常需要王权的扶持,因此他们选择支持中央集权的君主专制制度。另一方面,中世纪时期的世袭贵族逐渐衰落,他们希望国王能保持昔日贵族的特权。在这种时代背景下,热衷于权威的弗朗索瓦一世顺势采取一系列措施,使王权大大加强:他实施保护关税税率,限制西班牙、意大利、佛兰德等地的工业品输入国内;为了方便运输物资,他下令开凿运河,修筑公路和桥梁,取消某些关卡,统一度量衡,全国市场因而得到蓬勃发展;他改革司法,扩大国王的司法权限;把统治国家的最高权力集中于御前会议,国家重大事件都由国王决定;弗朗索瓦一世还建立起一支由职业兵组成的庞大常备军。在弗朗索瓦一世的治理下,社会经济日渐繁荣,国家日益强大,国王掌握着军队,加强了中央政权机关,这使王权完全摆脱了等级代表制度的约束。弗朗索瓦一世最终使国王的权威凌驾于一切之上,国王控制了地方行政、封建领主、教会、等级代表机构,甚至巴黎高等法院,君主专制制度大大加强。在他的统治下,刚刚形成的法国君主专制制度得到全面发展,逐渐成为西欧最典型的君主专制政体。

王权的加强还表现在国王领地几乎扩张到整个王国。通过联姻,布列塔尼公爵领地最终彻底并入国王领地;波旁族的领地也由于1523年发生叛变而被没收。至此法国领土上几乎不存在能对王权产生严重威胁的半独立大领主势力。

当然这个时期的君主专制政体并不稳定,弗朗索瓦一世所推行的中央集权政策往往受限于当时各阶级力量的对比,他实行的对内政策也存在着很多隐患。为了支付战争和宫廷的费用,他采取临时措施:一是发放公债,即由资产阶级向国家贷款。1522年巴黎市政府发行了第一次公债,以后其他一些城市相继效法。公债利息由政府支付。二是推广卖官鬻爵的做法。三是实行包征间接税制度,即包税人预先把规定的税额一次性向国库交清,然后再向纳税人收回,这些人往往是一些大银行家,他们不仅控制了国库,而且还可向纳税人牟取暴利。这些措施虽然暂时缓解了国家财政危机,但是由于贵族和资产阶级借机大量敛财,人民不堪重负,国内危机四伏。

弗朗索瓦一世实行了宗教政策。十六世纪马丁·路德在德国实施宗教改革运动,很快传到法国。由于弗朗索瓦一世被文艺复兴思想深深吸引,起初他对各种新思想比较宽容,容许宗教改革思想在法国传播,然而随着宗教改革思想的普及和深入,新教徒发起了对基督教和封建神学的猛烈抨击,弗朗索瓦一世对新教徒的态度开始转变,他决心镇压反对天主教的运动。但是实施残酷的镇压并没有扑灭异教的传播势头,相反宗教改革加快发展起来。因而宗教分裂成为十六世纪下半叶法国君主专制制度出现的潜在危机,这在瓦卢瓦王朝的统治后期表现得尤为突出。

第八节　凯瑟琳的隐忍与铁腕

在卢瓦尔河谷中,有一座富有浪漫情调的古堡——神农索堡,被誉为"停泊在察尔河上的船"。在这里,充满着亨利二世、爱妾狄安娜和王后凯瑟琳三人之间的爱情纠葛。故事的开头是这样的:弗朗索瓦一世一边进行着意大利战争,一边谋求和意大利的合作。他有意识地向意大利最有权势的罗马教皇克雷芒七世送出橄榄枝,成功缔结政治婚姻:王太子亨利·德·昂古莱姆和意大利权贵美第奇家族的凯瑟琳。"美第奇家族"是佛罗伦萨(意大利文艺复兴的心脏)13世纪至17世纪时期在欧洲拥有强大势力的名门望族,是欧洲最富裕的家族,拥有佛罗伦萨和托斯卡纳大公国的统治权,并已出现两任教皇。我们不能说,没有美第奇家族就没有意大利文艺复兴,但没有美第奇家族,意大利文艺复兴肯定不是今天我们所看到的面貌。凯瑟琳的父亲是意大利权贵洛伦佐,母亲是法国公主玛德莱娜。

神农索堡城堡

凯瑟琳与亨利二世结婚之后,却发现这完全是一场噩梦。原来,早在亨利二世还是个十三四岁的少年时,就被自己的家庭教师狄安娜·德·普瓦蒂埃尔深深吸引了,那时的狄安娜已经是一位 33 岁的寡妇,但任凭岁月流逝,狄安娜却风韵不减。狄安娜出生于一个与最高统治者有着家族渊源的特权世界,她的父亲来自被称为"王太子妃"地区的最古老的家族之一,母亲则与波旁王族有着血缘关系。狄安娜的母亲拥有布隆尼省的领地,与意大利美第奇家族有亲属关系。亨利对狄安娜产生了痴迷般的感情,渐渐地,他们从课堂走入生活,从"最完美的朋友"成为"永远的情人"。虽然如此,凯瑟琳还是为亨利生下十个孩子,但监护人却都是狄安娜。很多重要的典礼上,都是由狄安娜代表皇室出席的,她是亨利心中真正的皇后。因此,亨利与狄安娜、凯瑟琳经常同住在一座宫殿里,同坐一张餐桌,而亨利总是坐在狄安娜的身旁。凯瑟琳尽力保持着名门之后的家教,但这种痛苦无时无刻不在折磨着她。

凯瑟琳·德·美第奇
(1519—1589)

『等 10 任国王』
亨 利 二 世(1519—
1559)(法兰西国王 1547—
1559)

狄安娜·德·普瓦蒂埃尔

1559 年 6 月 30 日,为了庆祝《卡托—康布雷齐和约》签署,按照法兰西的贵族传统,亨利二世决定在巴黎举行一场隆重的骑士比武大会。法兰西是西欧骑士的发源地,骑士文化深入贵族骨髓,弗朗索瓦一世生前以骑术精湛和武艺高强闻名。那个年代的骑士马上比武通常是两位骑士左手持盾,右手持矛,经过长距离冲刺后,平端长矛,给对手一记猛击,老练的骑士通常会攻击对方护颈甲、头盔缝隙和盾牌把手这样的弱点。由于木柄长矛在巨大冲击下容易折断,因此胜负往往在须臾之间。由于骑士比武不同于实战,因此长矛一般都移除了金属矛尖。虽不时有贵族因比武坠马受伤,但通常并不致命。骑士加布里埃尔时年 29 岁,作为法王最精锐的禁卫军——苏格兰卫队队长,他对国王的喜好十分了解。亨利二世争强好胜,决不允许在众目睽睽之下的比武中公然"被礼让",于是在君臣相对冲刺之时,加布里埃尔像平日训练那样,瞄准国王的头盔,奋力刺去。短兵相接的一瞬,人们只看到国王的长矛从卫队长身侧滑过,而加布里埃尔的矛头猝然撞上了国王的头盔,被撞得粉碎——国王轰然坠马,身受重伤。

　　法王亨利二世身受重伤被诊治期间,凯瑟琳作为王后立即前往亨利的病榻前护理,狄安娜则被挡在门外不得探视,亨利二世最终不治身亡。王后凯瑟琳带着孩子们从病房里走出来时,就在这一瞬间,她与狄安娜之间的地位发生了 180 度的转变。法王亨利二世与王后凯瑟琳的长子弗朗索瓦被加冕为法国国王,时年 15 岁。王太后凯瑟琳担任摄政,开始了近 30 年(1559—1589)的垂帘听政。狄安娜则很快被迁移到别处。

　　弗朗索瓦 4 岁时,他的父亲亨利二世就安排了他与苏格兰女王玛丽·斯图亚特表姐的婚姻。玛丽·斯图亚特出生不久就成为苏格兰女王。婚礼被正式批准之后,玛丽·斯图亚特的母亲苏格兰摄政玛丽·吉斯,把 6 岁的女儿送到婆家法国,让她与法国王室一同生活,直到弗朗索瓦与玛丽·斯图亚特履行婚约。1558 年,14 岁的法国王储与 15 岁的苏格兰女王举行了婚礼,婚后二人琴瑟和谐。弗朗索瓦结婚年后,他的父亲亨利二世去世,15 岁的王储加冕为法兰西国王弗朗索瓦二世。

『第 11 任国王』
弗朗索瓦二世（1544—1560）（法兰西国王 1559—1560）

『第 12 任国王』
查理九世（1550—1574）（法兰西国王 1560—1574）

　　弗朗索瓦二世统治期间,王太后凯瑟琳·德·美第奇担任摄政,但其实掌握实权的人是权臣吉斯公爵弗朗索瓦和吉斯红衣主教查理两兄弟。他们是苏格兰女王玛丽一世的舅舅,经常逼女王去跟丈夫进谗言,弗朗索瓦二世总是轻易答应王后的一切要求,于是就等于朝政落在了王后的舅舅们手里。弗朗索瓦二世继任王位期间,由于受到父亲亨利二世于 1559 年与西班牙签订的和平条约影响,法国的国际影响力逐渐下降;法国财政因为长年战争而债台高筑,因此实施紧缩政策,也裁撤了许多机构与军队,并且拒绝偿还借款利息,导致政府实质性破产,百姓生活窘迫。

　　凯瑟琳·德·美第奇太后对摄政权旁落非常不满,她派人毒死了自己的大儿子,把儿媳赶回苏格兰,并将二儿子查理九世推上王位。1560 年,弗朗索瓦二世在奥尔良去世,年仅 16 岁。他的母亲凯瑟琳·德·美第奇捏造出体弱多病的谎言掩盖了事实的真相。死后,被葬在圣丹尼修道院。

第九节　胡格诺教与天主教的较量

约翰·加尔文

　　早在 13 世纪,意大利人已经开始了文艺复兴运动。这场人文主义运动的核心思想在于提倡人性,反对神性,主张人生的目的是追求现实生活中的幸福,倡导个性解放,肯定人的价值和尊严。法国王室一开始很支持这种思想。但是一个叫约翰·加尔文的神学家令法国爆发了一场长达三十年的战争,即胡格诺战争。在加尔文年幼求学的时候,马丁·路德的新宗教思想逐渐在法国境内传播。1532 年,法国国王为了反击教皇和神圣罗马帝国皇帝联手对付自己,公开支持路德派的新教徒。1536 年,加尔文发表了自己的著作《基督教原理》。这本书一出版就引起轰动,不久之后,人们开始追随这位新教主义者,并且把他定居的地方日内瓦称为"新教的罗马",而他们的教宗自然就是加尔文。

　　加尔文的主要思想是预定论。就是说一个人是倒霉还是富贵,上帝早就安排好了,你做什么祈祷、礼拜都是无意义的,那么我们怎么知道上帝到底眷顾谁呢?很简单,只要看那个人能不能在对社会有益的各行各业里取得成功。加尔文的宗教思想倡导人们没必要花那么多时间和钱去进行烦琐的宗教仪式,努力赚钱回馈社会,才是爱上帝的表现。这样的理论受到当时的资产阶级欢迎,他们选择信奉新教,并且利用新教的教义去反抗王权和天主教会的剥削。这样一来,就得罪了天主教,损害了王室的利益,王室从而不再愿意支持新教了,所以在弗朗索瓦一世统治末期,便实行了对异教的迫害政策。等到1559年,亨利二世死后法国的宗教改革基本成形,法国的新教称为胡格诺教。这个时候法国的国王是弗朗索瓦二世,他继位时年仅十五岁,于是很多大贵族们相互角逐,觊觎统治法兰西的权利。其中吉斯家族势力最为强大,而且是极其狂热的天主教徒,他们的势力集中在法国的北部和东部。吉斯家族逐渐控制了年轻的弗朗索瓦二世,从而成为法国真正的统治者。其余大贵族虽然也有人信仰天主教,但由于政治原因支持胡格诺派,尤其是纳瓦拉的亨利和孔代亲王,他们盘踞在法国的南部和西部。亨利的母亲珍妮·亚尔培是弗朗索瓦一世的外甥女,她认为凯瑟琳·德·美第奇不过是意大利商人的后代,心理上很鄙视她。这两个家族在国家政治生活中占有很重要的位置,对于法国王室来说都是不可小觑的敌人。这几个家族间的矛盾其实是一场政治上的竞赛,而外在表现为天主教会和新教教会的冲突。双方剑拔弩张,一场长达三十年的宗教战争,即"胡格诺战争"即将打响。

凯瑟琳是一个聪明和铁腕的政治家。她知道吉斯家族强大的势力对她和她的儿子绝对是个威胁,但是她是个虔诚的天主教徒,她不想让任何一个贵族控制国家,更不想要法国成为一个新教国家。于是凯瑟琳决定帮助吉斯家族打击新教徒,她毒死了纳瓦拉的珍妮,然后派人刺伤了重要的新教领袖海军上将科利尼,并且协助吉斯家族策划了以天主教的玛戈与新教的纳瓦拉的亨利婚礼为诱饵,来消灭前来参加婚礼的新教首领及各地的新教教众,骇人听闻的圣巴托罗缪之夜屠杀即将上演。

1572年,王太后凯瑟琳把18岁的美丽女儿玛戈嫁给了19岁的纳瓦拉的亨利。玛戈非常美丽,奥地利的唐璜曾写下这样的篇章:"她的容貌只有天上的女神才可媲美,要她做人间的公主实

玛格丽特·德·瓦卢瓦

在是屈尊。她的神采无法拯救男人，只能把他们引向毁灭之路。她的一颦一笑都会让我们下地狱的。"需要说明的是，这个纳瓦拉的亨利不仅是玛戈未来的丈夫，还是玛戈的表兄①，这为他成为未来的法王亨利四世奠定了血脉基础。婚礼定于八月在巴黎举行，这个婚礼对于当时的法国具有非常重大的意义。

婚礼于 8 月 18 日举行，从那天开始，全巴黎的人开始庆祝婚礼，无论天主教徒还是全国各地赶来的新教徒，全城狂欢。而且新教徒们以为这场婚礼可能意味着可以使新教合法化，所以格外兴奋，很多其他地方的新教徒都赶到巴黎参加这场婚礼。22 日海军上将科利尼遇刺的消息传出，这无疑给人们脆弱而兴奋的神经重重一击。天主教徒和新教徒互相憎恨谩骂，23 日，情势似乎对天主教徒很不利，新教徒群情激昂，发誓要找到刺杀科利尼的凶手及策划者。一切好像对凯瑟琳来说好像很糟糕，然而她沉稳而自信，她先允许他的儿子查理九世派遣新教士兵把守海军上将科利尼的官邸，并且派新教徒们的新王后玛戈去探望病情。在此期间凯瑟琳秘密接见安茹公爵，即她的第三个儿子亨利·瓦卢瓦。24 日凌晨，亨利·吉斯带人悄悄返回巴黎，他首先来到科利尼家，当即派人杀死了科利尼，于是以教堂的钟声为信号，全城的武装天主教徒保卫团出动了，他们带着白臂章和画有白十字的帽子，向尚在熟睡中的胡格诺教徒们发动了袭击。当夜巴黎血流成河，有人说当晚死了 2 000，有的说 3 000，还有说 6 000。以后的几周，这种屠杀扩散到法国各地，历史学家们认为死亡人数是 70 000 人。据当时报道，死难者的尸体堆积在河里长达数月，以至于没人敢吃河里的鱼。圣巴托罗缪是法国的狂欢节，时间是每年的 8 月 25日。由于此次天主教对胡格诺教徒的屠杀发生在圣巴托罗缪节的前夜，故称圣巴托罗缪之夜。

这次大屠杀之后，法国陷入分崩离析的状态，上升中的王权遭到削弱。全法国大约有五万新教徒被杀，几乎所有的新教徒领袖都遇难，只有纳瓦拉的亨利以及孔代亲王因为宣布改信天主教而躲过一劫。但是新教下层民众并没有屈服，他们据守拉罗舍尔，天主教军久攻不下。后来纳瓦拉的亨利以及孔代亲王都逃出巴黎，于是宗教战争再度爆发，查理九世病死后，局势变得更加复杂，这种局面直到三个叫亨利的人出现才走向终结。

三个亨利登场后，胡格诺战争进入高潮。他们分别是胡格诺派的纳瓦尔国王亨利、天主教派的吉斯公爵亨利、法国国王亨利三世。

① 玛戈的祖父弗朗索瓦一世与亨利的外婆是兄妹，而且亨利所属的波旁家族和瓦卢瓦王室同出于法国国王路易九世。

『第13任国王』
亨利三世(1551—1589)
(法兰西国王 1574—1589)

亨利一世·德·洛林
吉斯家第三代公爵
（极端的天主教徒）

纳瓦拉国王亨利
胡格诺派首领

　　亨利三世生活奢靡，身边总是围绕着一群被法国人戏称为"小可爱"的年轻男宠。在其执政期间，亨利三世完全被男宠所控制，王室始终无嗣，王位继承出现危机。兜兜转转，与法王血缘最近的继承人竟然是胡格诺派的亨利。亨利三世逐渐承认了这一事实，但吉斯公爵显然无法接受，他渐渐产生了篡夺王位的想法。1588年，吉斯公爵成功击败王军。落魄的亨利三世屈辱地授予吉斯公爵法国中将的军衔。但国王不甘心沦为傀儡，既然战场上无法打败吉斯，他便私下策划阴谋，吉斯公爵最终被国王亨利三世在密室中暗害。与此同时，之前被软禁的纳瓦尔国王亨利趁机逃出巴黎，并且拒绝承认自己说过放弃新教的话。亨利三世原本以为只要除掉吉斯公爵，政敌便会土崩瓦解，但是情势却急剧逆转，他被迫去法国南方投靠纳瓦拉的亨利。1589年8月，修士雅克·克莱蒙特谎称有重要机密文件要当面交给国王，趁国王查看文件之时，他突然抽出一把隐藏的匕首，深深刺进了国王的小腹，亨利三世遂被刺杀身亡。亨利三世去世之后，他没有儿孙，也没有弟弟可以继承王位，根据法国法律规定纳瓦拉国王亨利继任王位，成为亨利四世。

　　波旁家族是欧洲闻名的政治家族，在欧洲历史上曾经统治过纳瓦尔(1555—1848)，法国(1589—1848)，西班牙(1700至今)，那不勒斯与西西里(1734—1816)，卢森堡(1964至今)和意大利的若干公国。波旁王朝因此有"跨国王朝"的美名。

　　亨利四世的母亲珍妮是法王弗朗索瓦一世的外甥女,家族的父系则可以追溯到来自卡佩王室的路易九世,所以不管是父系还是母系,亨利四世都与法国瓦卢瓦王室存在着姻亲关系。但是鉴于法国严格的王室血统规定,新的王朝——波旁王朝登上历史舞台,它又被认为是卡佩王朝的另一个分支。

第六章
君主政体进入鼎盛时期(1589—1792)

第一节 法国从废墟中重生

亨利四世继位之后,天主教与新教之间的战争仍在继续。亨利四世起初决定用武力挺进巴黎。在伊里夫大战中,他在头盔上插了一根白羽毛,对部下说:"如果你们失去了军旗,就以我头盔上的白羽毛为旗帜——你会发现它永远在荣耀的道路上迈进。"他身先士卒,英勇无畏,很快率领大军围困巴黎。然而巴黎,这座天主教势力的堡垒,高等法院、宫廷贵族以及市民发誓决不接受亨利四世这个新教徒皇帝。亨利四世为此十分苦恼。当时法国有90%以上的人口信仰天主教。亨利四世最终决定不再以武力征服巴黎、征服天主教徒,他自己再次改信天主教,这一决定引起了骚动,很多新教徒部下认为这是背弃。亨利四世回答说:"如果继续战争,法国很快就没有王国了,我希望把和平带给我的臣民,也让我的灵魂得到休息。"1593年,亨利四世在圣德尼大教堂宣布信奉

『第1任国王』

亨利四世(1553—1610)(纳瓦拉国王 1562—1610,法兰西国王 1589—1610)

天主教。他有一句名言流传至今:为了巴黎而做弥撒还是物有所值的。1594年3月22日,亨利四世进入巴黎,巴黎欢呼着接受了这位新国王。

亨利四世统治时期,天主教和胡格诺教的世仇得以和解,法国的经济发展起来,国王成为一个深受人民爱戴的君主。

《南特敕令》

1598 年，亨利四世颁布《南特敕令》。敕令规定：天主教为法国国教，与此同时国民拥有信仰胡格诺教的自由；两种教拥有平等的权利；不再追究过去教派冲突中发生的一切战争、暴力事件的责任。《南特敕令》是欧洲历史上第一个实行宗教宽容政策的政令，结束了 30 多年的胡格诺战争。

亨利四世接手时的法兰西，国家财政经济几乎破产，法兰西几近毁灭。对法国人而言，法兰西已经不复存在。百姓终年劳作，却困苦不堪，连最便宜的鸡肉也吃不起。亨利四世待等政局稳定之后，他重用苏利公爵，发展农业，力图增强国力、改善民众生活，他发誓"要让农民们每个周末每家锅里都有一只鸡"。为了达到这样的目标，亨利勤于朝政，时不时到农夫家里或田间了解人们的生活状况。亨利四世平易近人，不拘虚礼，与瓦卢瓦王朝最后三位君主形成了鲜明对比。经过多年改革，法国经济好转，普通人的生活比瓦卢瓦王朝时期改善了很多，因此他备受百姓爱戴。

亨利四世的第一任王后玛格丽特·德·瓦卢瓦，就是上一章我们提到的玛戈，由于受到新婚之夜的圣巴托洛缪大屠杀的刺激，她和亨利四世之间的感情变得苍白，婚后也没有子嗣。但玛格丽特每到一处参加活动，都因为是亨利四世的王后而备受百姓欢迎。亨利四世展现给她一个与他的父亲和兄弟们统治下完全不同的王国，人们的敬意感染着玛格丽特。他们的关系从平淡夫妻转为朋友，最终和平分手。

1600 年，亨利四世迎娶了佛罗伦萨王族的玛丽·德·美第奇。有一大批意大利厨师随之陪嫁到巴黎，新王后本人也是一个厨房能手。在此之前，法国还处于用手抓饭，以火熏肉的"蛮荒"

彼得·保罗·鲁本斯《玛丽·德·美第奇抵达马赛》，这件作品描绘玛丽的宫船刚刚抵进赛富港，她盛装待迎

状态,而如今,人们开始优雅地学着使用刀叉了。玛丽带来的饮食文化对法国产生了重大的影响。到了亨利四世后期,宫廷乃至各地领主们都纷纷从意大利重金聘请厨师操办宴会。这种贵族宴会中,常常是美食和演出同时进行,吟游诗人和杂耍艺人在席间表演,菜肴依次端上来供宾客们品尝,因此上菜也成了演出的一部分。

亨利四世勤于政事,国力蒸蒸日上,百姓生活改善。但意外还是发生了。1610年5月13日,亨利四世在准备开赴战场,攻打西班牙的时候,在马车中被一名狂热的天主教徒刺杀,第二天便身亡。凶手是一名狂热的天主教徒,名为弗朗索瓦·拉瓦莱克,他反对法王挑起对西班牙的战争,因为西班牙身为天主教的领头势力,在天主教世界拥有崇高的威望。为了阻止法西两国的战争,这名教徒毅然刺杀了法王亨利四世。

亨利四世人品卓著,政绩丰厚,是法国历史上难得的完美国王。在长期混乱之后,他致力于给他的臣民们提供衣食无忧的生活,重新建立了一个统一且蒸蒸日上的法国。在亨利四世之后的百余年里,是法国历史上最强大的时期,几乎称霸欧洲大陆。

亨利四世死后,长子路易十三继承王位,时年9岁。王后玛丽带着王子在圣丹尼教堂加冕。

第二节　法国在欧洲确立优势地位

1610年,路易十三登基,王太后玛丽·德·美第奇摄政。太后的家族与西班牙关系密切,所以太后实行了亲西班牙的政策,在太后的主导下,路易十三与西班牙的公主安娜结婚。由于西班牙哈布斯堡家族出身于奥地利,所以习惯上称安娜王后为奥地利的安娜。但路易十三一直对出身哈布斯堡家族的妻子怀有戒心,夫妻感情并不融洽。

王太后玛丽内心渴望像美第奇的凯瑟琳那样把持朝政,可惜她却没有足够的政治手腕。很快太后的情人孔奇尼把持了朝政,使得朝廷内外乌烟瘴气,一团混乱。国内贵族们看到这种情况,开始蠢蠢欲动,试图谋取权益,他们要求重开三级会议,企图削弱王室的力量。1614年10月27日,贵族们迎来了三级会议,可是结果却出其不意,在这次三级会议中,第三等级的市民代表纷纷表示选择支持王室,

『第 2 任国王』
路易十三世(1601—1643)(法
兰西国王 1610—1643)

因为他们十分厌恶贵族们的剥削和欺诈。在如此情势之下,贵族们被迫表示拥戴王室。在这次会议上,作为教士代表出席的吕松主教黎塞留曾多次发言支持王室,这让他获得了孔奇尼的欣赏和重用,并成了孔奇尼的心腹。

1617 年,16 岁的路易十三决定亲自执政,可是他仍然受到太后一派的压制,双方矛盾终于激化。路易在大臣吕伊纳的帮助下,派人暗杀了孔奇尼,太后闻风逃到布鲁尔。为了不因母子失和而造成负面影响,路易十三找到了黎塞留从中斡旋,太后才又回到巴黎。不过,母子之间的隔阂却更加加剧,于是宫中形成了以路易十三为核心的王党和以太后、国王的弟弟奥尔良公爵加斯东·让·巴蒂斯特为核心的后党。

在调解国王和太后的纷争中,黎塞留得到路易十三的赏识,不久便被任命为枢机主教。1624 年,路易十三的宠臣吕伊纳去世,黎塞留接任首相,开始了他 18 年的首相生涯。

黎塞留以"民族国家利益至上"的思想,最先打破了中世纪大一统的道德与宗教的束缚,开创了法式外交,也被称为规范外交或传统外交。他处理外交的唯一标准,就是看是否对法国有利。他的回忆录里有这样的记载:"我的第一个目的是使国王崇高,我的第二个目的是使王国荣耀。"为了达成这两个目的,他可以说是手段狠辣。

以太后、王后和路易十三的弟弟加斯东为首的后党,与当时赫赫有名的哈布斯堡家族有着密切的关系,他们想要罢黜路易十三,扶持加斯东为国王。在这种情形之下,首相黎塞留成了他们要对付的主要目标。他们曾企图谋杀黎塞留,但是没有得手。于是就发生了下面这件囧事。有一日,太后跑到国王面前,哭诉黎塞留是一个无情无义的混蛋,希望国王尽快把他革职。恰在这时,黎塞留也来觐见国王,顿时明白发生了什么。黎塞留赶紧躬身下拜:"太后好像是在指责微臣?"刚说完,泪水也忍不住涌出来。路易十三没

黎塞留

好气地扔下两个人在大厅对哭,走了。路易十三走后不久,便偷偷召见黎塞留:"你放心吧,我要对我的国家负责,而不是对我的母亲负责。"这出拙劣的哭戏被称为"愚人日事件①"。有了国王的明确态度,这位行事狠辣的首相很快便粉碎了后党一派的阴谋,最终太后被流放,国王的弟弟加斯东被贬为平民。

与此同时,国内还有一件棘手的事情,那就是胡格诺教的贵族利用《南特敕令》为非作歹。1627年黎塞留亲自率兵围攻胡格诺派的军事据点拉罗舍尔,一年之后,黎塞留成功打下了拉罗舍尔,并且解散了胡格诺派的军队。黎塞留铲除了国内桀骜不驯的大贵族,拿下了胡格诺派,王权得以加强,实现了"使国王崇高"的目的。

当时的法兰西,有一个强劲的敌人,那就是能左右整个欧洲的哈布斯堡家族。1273年,哈布斯堡家族的鲁道夫一世当选为神圣罗马帝国的国王,他们通过联姻,获得了很多的领地,到了查理五世,哈布斯堡家族迎来了最辉煌的时期,领地遍布欧洲各地。在黎塞留所处的时代,哈布斯堡家族统治下最重要的地区为西班牙、奥地利,同时还兼任神圣罗马帝国的皇帝。

当时神圣罗马帝国也遭遇了像法国宗教改革时期一样的情况,只不过在这里爆发的宗教战争要更加残酷及惨烈,而且欧洲各国也被牵扯进来,这场战争被称为"三十年战争"。战争情况,请参看下面的表格:

时 间	作 战 双 方	获胜方	法国的角色
1618 年	波希米亚 vs 神圣罗马帝国,西班牙	哈布斯堡家族	—
1625 年	丹麦 vs 神圣罗马帝国	哈布斯堡家族	财力资助
1625 年	瑞典 vs 神圣罗马帝国	哈布斯堡家族	—
1635—1643 年	法国 vs 西班牙和神圣罗马帝国	法国	主战方

备注:哈布斯堡家族统治下的国家和地区有:西班牙、奥地利、神圣罗马帝国。

1618年,战争在波希米亚(今捷克)爆发,波西米亚的新教徒发动起义,反抗神圣罗马帝国皇帝斐迪南二世的统治,斐迪南二世在盟友西班牙以及天主教诸侯的帮助下,在白山战役中战胜了波希米亚。这次战争使哈布斯堡家族的势力加强,令周围各国纷纷不安。

1625年,黎塞留担任法兰西首相的第二年,他通过外交手段,促使信奉新教的丹麦、荷兰、英国结成三国同盟。由法国和荷兰资助,丹麦出兵前往神圣罗马帝国,

---

① 需要注意的是,这一天并不是四月一日,与我们现在所说的愚人节无关。

帮助那里的新诸侯反抗哈布斯堡家族。最终神圣罗马帝国启用名将华伦斯坦，取得战争胜利。丹麦被迫在《吕贝克和约》上签约，保证不再掺和神圣罗马帝国的家事。

之后不久，神圣罗马帝国打算在波罗的海训练一支海军，触动了大海彼岸的瑞典国王古斯塔夫二世，为了防止神圣罗马帝国的势力扩张到北欧，瑞典接受了黎塞留的邀请，加入"反哈联盟"。瑞典参战，与神圣罗马帝国军队在德国境内的吕岑爆发激战，瑞典国王古斯塔夫二世阵亡，这次战争瑞典军获得了惨烈的胜利，但失去了国王的瑞典军很快在纳德林根大败。到此为止，哈布斯堡家族的军队已经连续击败三个对手。似乎全欧洲都无力阻挡他们了。

这个时候，黎塞留刚刚平定了国内的内乱，法国即将亲自参战。在正式宣战之前，黎塞留派人到葡萄牙和西班牙的加泰罗尼亚地区煽风点火，激发当地人民对西班牙的不满情绪，而后黎塞留又拉拢荷兰，并且与瑞典保持同盟关系。一切安排妥当之后，于1635年5月19日法国正式向西班牙宣战，十多万法军同时杀入西班牙和德意志。起初战事非常吃紧，西班牙军和神圣罗马帝国军从两个方向夹击法国，一度打到了离巴黎不远的索姆河，但黎塞留始终坐镇巴黎，使得法军军心稳定，最终成功坚守。这时在欧洲其他战场上纷纷传来捷报：荷兰人消灭了西班牙海军主力，瑞典人消灭了帝国军15 000人，俘虏5 000人。法军受到激励，勇往直前，黎塞留强撑病体随军出征，于1642年去世。1643年5月，年仅23岁的孔代亲王率领法军在特鲁瓦战役中击败西班牙，歼敌8 000人，俘虏6 000人。经过几场大胜仗，法军终于逆转了战局。

1648年三十年宗教战争宣告结束，交战各方签订了《威斯特伐利亚和约》，和约确立了法国在欧洲的优势地位，并且让法国获得了两块广阔的领地——阿尔萨斯和洛林。《威斯特伐利亚和约》确定了欧洲各国的国界，被认为是欧洲民族国家体制正式形成的标志。

雷霆般猛烈的红衣主教黎塞留去世了，临终前，神父循例问他："你要不要宽恕你的敌人？"结果得到回答："除了公敌之外，我没有敌人。"路易十三尊重了黎塞留的遗嘱，红衣主教的整个班底都继续留了下来，国家的大政方针也得以继续执行。

1643年，即黎塞留去世之后的第二年，路易十三病危，祷告牧师问他："陛下还有什么要说？"路易十三以近乎无畏的口气说："上帝啊，我已经死而无憾了！希望您能继续保佑法兰西与我的儿子。"不久国王就在安详中去世，终年42岁。不满5岁的太子在母亲的怀中被宣布为法兰西与那瓦尔国王，开始了长达72年的国王生涯。

路易十三一生尽职尽责,始终都在为法兰西的强大而不懈努力,他深知自己不擅长管理具体事务,所以他重用法国有史以来最伟大的政治家黎塞留。为此,他不惜跟自己的母亲、妻子、弟弟决裂,甚至牺牲自己,允许黎塞留"功高盖主"。在细节上,他显得平庸而缺乏主见,但是决定国家命运的关键时刻,他总能作出正确抉择,并且坚定不移地加以贯彻实行。他的一生都在做国王与做自己的矛盾之中苦苦挣扎。黎塞留是个权臣,但他所做的一切都是为了法国的国家利益。但如果没有国王坚定的支持,黎塞留也无法建立伟大的功业,并最后得到了善终。站在他身后的路易十三的气量与胸怀远远超过了很多号称"大帝"的君主。黎塞留临终时对路易十三有这样一句评价:"唯有雄才大略之人才能知人善任。"

路易十三在位33年,法兰西发生了翻天覆地的变化,整个国家内忧外患、战乱不断。在这乱局之中,法国完成了国家近代化的转变。尽管封建制度还没有完全瓦解,但是资本制度已经萌芽。路易十三是一位常胜国王,虽然国王亲自指挥的战斗都是平定叛乱,或是欺负洛林、萨服伊之类的弱小邻国,路易十三却从来未有败绩,路易十三是当时欧洲最强势的君主。

但作为君王,他舍弃了权势、荣耀和家庭,因此也有人说他是法兰西历史上最软弱的国王。他的父亲亨利四世是法国历史上仅有的三个"大帝①"之一,他的儿子是更赫赫有名的太阳王路易十四,统治着极盛时期的法兰西帝国。夹在无比荣耀的父亲和儿子中间,路易十三显得那样的暗淡无光。然而父亲亨利四世在位短,虽然励精图治,但是留给路易十三的法国依然是千疮百孔、内忧外患、百废待兴。路易十三去世后,留给路易十四的法国对内完成了政治、社会、宗教上的改革,国势蒸蒸日上;对外打垮了曾经无比强大的西班牙帝国和神圣罗马帝国,奠定了法国日后称霸欧陆的基础。

第三节　建立绝对王权

1643年,路易十三去世,路易十四即位。路易十四即位时不足五岁,由太后奥地利的安娜摄政,但是掌握实权的是黎塞留的接班人马扎然。马扎然不仅是路易十四的宰相、教父,同时也是摄政太后的情人。与此同时,法国贵族重新活跃起来,

---

① 法国的三个大帝:查理一世,腓力二世,亨利四世。

「第 3 任国王」
路易十四（1638—1715）（法兰西国王 1643—1715）

形成了以孔代亲王、谢弗勒斯夫人、隆格威尔夫人为核心的投石党人，这是路易十四即位之初面临的严峻形势。

马扎然接受朝政之时，恰恰是法军在三十年战争中的决胜关头。马扎然为了应付战争的需要，以允许金融家征收捐税作为交换条件，向他们预支款项，因而使包税商们从中获得了巨大利益，这引起贵族的嫉妒和人民的愤怒。1648 年 5 月，巴黎高等法院联合各地法院要求实行君主立宪制度，削弱国王和首相的权力。8 月 26 日，巴黎的市民也举行了浩大的起义。马扎然急忙带上太后和路易十四逃出巴黎，高等法院一度控制了政权。随后马扎然请来当年战胜西班牙的元帅孔代亲王去讨伐这些起义者，起义被平息，马扎然回到巴黎，然而却没有履行当初对孔代亲王的承诺，让他担任首相。这就惹火了孔代亲王。孔代亲王拉拢了很多贵族，发动叛乱，还勾结西班牙联手发难，马扎然又一次被赶出巴黎。这次反叛被称为"投石党运动"。1652 年 2 月至 4 月，叛军取得一系列军事胜利。王室再一次逃离巴黎。这一次，马扎然使用以退为进的手段，宣布自己引退流亡。赶走了马扎然，投石党的权贵们因为权力纷争，很快陷入内斗之中。贵族武装只是反映了少数人的私利，与广大社会阶层的愿望背道而驰。马扎然离职后，孔代亲王很快失去了民众的支持。这个时候，马扎然利用路易十四的神圣君权，在 1652 年底让厌倦了孔代"暴政"与投石党内斗的巴黎市民，以欢欣鼓舞的心情迎接路易十四母子重返巴黎，重新组建了中央集权的王室政府。1653 年初，路易十四下令召回马扎然，重新委以大权。至此，投石党运动完全结束。

1661 年马扎然去世，路易十四正式亲政。马扎然在遗嘱中向 23 岁的路易十四传授黎塞留的教诲：独揽大权，国王要统治一切。而且两次出逃的经历，让路易十四明白，要想过安稳的生活，必须把权力牢牢地掌握在自己的手里。从此以后，他不再任用任何的首相，他说："我就是自己的首相。"在他执政的 54 年里，法国很多事务都由他亲自处理，他曾自豪地说："朕即国家。"

路易十四知人善任，而且非常懂得帝王之术。一方面，给予大臣充分的信任，另一方面，会维持自己的绝对权威。路易十四把国家的一切都掌握在自己手里，按照自己的意愿运行,"所有下达的命令必须绝对服从,全面理解,按照要求贯彻执行,不能有任何反抗"。通过刚柔并济的措施,国家在路易十四的掌控下有条不紊地运行。亲政后的路易十四,事必躬亲,他以无比的热忱治理国家,很快成为全欧洲最优秀的英明君王,创立有史以来无与伦比的绝对君主制。他借由天才传教士博旭哀主教,积极宣传君权神授与绝对君主制,彻底驯服法国贵族与教会主教;重用有非凡才干的中产阶级为他打理分工越趋精细的国家事务。当中最优秀的天才就是柯尔伯;而能干的皮埃尔·塞吉埃(1588—1672)则负责外交与法院事务,对法国早期的外交成就贡献卓著。路易十四勤于执政,国家运转有条不紊,为经济的发展提供了良好的内部环境。

1661年路易十四开始亲政时,法国已经濒临破产。面对法国极度混乱的经济状况,路易十四启用极具才干的中产阶级人士柯尔伯对财政体系进行整改。

柯尔伯严厉整顿包税制。包税制的盛行,特别是包税官的任意征税是导致农民贫穷、暴动的重要原因,为此柯尔伯减少了国家的包税官人数,改由国家统一征税,改令实施之后,"仅仅在国王自己的领地,收入就增加到55日万里弗尔,多出之前10倍以上"。另外为了控制卖官鬻爵,柯尔伯一方面减少官职数量,赎回不必要的官职,另一方面制定固定的官职收

柯尔伯

入标准。在针对一些教士和贵族免征人头税问题上,柯尔伯提出增加间接税。柯尔伯的这些政策使法国税收在1675年达到收支平衡。柯尔伯实行重商主义,他认为国家财富越多,国力越强。因此,他大力发展工商业,鼓励出口,限制进口,这些措施都极大地促进了法国经济的发展。

财政整顿之后,柯尔伯开始加强工商业建设。柯尔伯利用国家资金建厂,花重金邀请外国先进的技术人员进行指导,最典型的就是法国玻璃制镜业的发展历程。玻璃镜子在17世纪中叶以前属于奢侈品,技术被威尼斯人所垄断。物以稀为贵,制镜业在当时被看作是最有利可图的行业。面对制镜业的良好前景,柯尔伯开始建设制镜厂。首先花高价聘请威尼斯制镜师,而后着意培养法国自己的技术工人,以便摆脱对威尼斯技师的依赖。在柯尔伯的努力和路易十四的大力支持下,玻璃制镜业在法国迅速发展,技术不断提高,最终取代威尼斯成为制镜业的龙头。制镜

凡尔赛宫的镜厅

业为法国带来相当可观的收益,而且镜子成为装饰凡尔赛宫的必备材料,也成了法国最主要的出口商品。

海防力量是海外贸易正常运转的保障。中世纪时期,法国对陆上贸易过度依赖,然而近代以来,海上贸易逐渐取代陆路贸易,荷兰、英国的发展展现了海上贸易的强大优势,与之相比,法国在海外贸易、海军建设上相对薄弱。为了争夺海外市场,柯尔伯在恢复法国经济的前提下,开始着手海外贸易,为此大力组建海军,制造舰船以加强海军力量,并于 1662 年开始斥巨资用于海军建设。柯尔伯首先建立了大型造船厂、锻造车间,为了提高造船技术,柯尔伯还派专业考察队前往荷兰学习,高薪聘请外国技术人员进行技术指导,对造船工人提供优厚的待遇;其次是修建和建立海港,柯尔伯对部分港口进行疏通或扩建,在法国北部有敦刻尔克、罗什福尔,西部修建了拉罗舍尔,南部为土伦、赛特、马赛三大港,共修筑了 33 个新堡垒,与此同时,200 个旧堡垒也得以修缮;最后,则是提高海军人员的素质。

为了把贵族们变成宫廷的成员,解除他们作为地方长官的权利,削弱他们的势力,为此,路易十四花费巨资,历时 10 年在巴黎郊外建造了金碧辉煌的凡尔赛宫,占地 5 万平方米。凡尔赛宫的建造是路易十四集中政治权力的策略之一。1682 年 5 月 6 日路易十四搬进这座位于巴黎城郊的巨大的宫殿。宫廷的规矩迫使贵族们为了衣装费用而付出巨款,他们从早到晚都得待在宫殿里参加舞会、宴席和其他庆祝活动。据说路易十四记忆惊人,当他进入大厅后一眼就可以看出谁在场,谁缺

席,因此每个希望得宠于国王的贵族都必须每天在场。路易十四让这些贵族们沉溺于博取国王的宠幸,没有时间去管理地方的问题,渐渐地让他们丧失了统治地方的权力。这一招让贵族们沉迷在灯红酒绿中,路易十四则成了法国前所未有的独裁国王,光芒四射,被称为"太阳王"。

路易十四认为,要获得无上的权力,就必须统一法国的宗教信仰,即禁止宗教自由。在热忱的天主教徒——战争部长卢福瓦侯爵与大主教博旭哀等人的鼓动下,路易十四推翻了先王亨利四世于 1598 年对新教宽容的《南特敕令》。随后,路易十四对新教徒施加压力,以 1685 年 10 月颁布的《枫丹白露敕令》为甚。敕令下达后,胡格诺派的教堂被摧毁,新教的学校被关闭,多数胡格诺教徒被迫改宗天主教。路易十四的这个命令迫使不愿改宗的二十多万胡格诺教徒(多为工商业者)移居国外,他们各自移居到荷兰、普鲁士、英国、北欧和北美。许多历史学家认为这是一个致命错误,因为许多逃亡者是技艺精湛的手工业者,他们的技艺跟着一起流亡国外,为他们到达的国家带来了巨大的财富。但是对路易和虔诚的大主教们来说,一个统一的法国就应该是一个天主教的法国,打击"异端"的胡格诺派,是上帝给予他们的重要任务。

第四节　太阳王威名震撼欧洲

以杜伦尼和孔德亲王为代表的将军们,通过炮火将"太阳王"路易十四的威名传播到欧洲各地。

1665 年西班牙国王菲力四世去世,继任国王的查理二世只有 4 岁。而路易十四的王后是西班牙国王菲力四世的女儿。路易十四宣称老国王菲力四世曾答应给他一笔丰厚的嫁妆，只不过因为当时西班牙内外交困，因而拖延至今。而这时候的法国相较三十年前的战争时期更加强大，路易十四御驾亲征，攻下西班牙很多地方。欧洲其他邻国担心法国势力过于强大，可能危及自身，于是英国、瑞典和荷兰建立了反法同盟，路易十四因而不得不退还了部分土地，但仍然获利不少。

法国昔日的盟友荷兰居然也参加了反法同盟，这让路易十四非常生气。路易十四首先收买英王，从而孤立荷兰，而后路易十四率领法军进攻号称"海上马车夫"的荷兰。欧洲其他国王开始担忧法国的强大，纷纷出兵支援荷兰。尽管如此，法军还是获得了胜利。1678 和 1679 年，法国和交战国签订了《尼姆维根条约》，又获得了不少领土。以往国家间的外交文件都是用拉丁文写的，而这次的《尼姆维根条约》是用法文写的。从此以后，法文变成了一种主要的外交文字。

太阳王的光芒从凡尔赛宫照射出去，令整个欧洲为之胆战。他在人生顶峰享受着万民敬仰、万国来朝，这令他的想法愈发大胆。于是他在国内成立了"属地收复裁决院"，该部门的职责就是专门调查以前法国签下的各种条约条款，一旦发现未履行条约的，立即上报国王，国王便会带兵去收复。路易十四把欧洲邻国弄得胆战心惊，1686 年 7 月，神圣罗马帝国、西班牙、荷兰和瑞典结成奥格斯堡联盟，把矛头直接对准法国。1688 年，荷兰的执政官当上了英国的国王，于是这几个国家开始围殴法国，战争一打就是十年。路易十四无奈只能求和，把之前根据《尼姆维根条约》占领的大部分土地都还了回去。

可是没过几年，路易十四又掀起了"西班牙王位继承战争"。1700 年，西班牙国王查理二世去世了，他临终前立下遗嘱，由姐夫路易十四的孙子安茹公爵腓力继承西班牙的王位。这让奥地利皇帝利奥波德一世的儿子卡尔大公非常不满，因为利奥波德一世娶了西班牙国王查理二世的另一个姐姐。卡尔认为自己更有资格。路易十四率先出手，直接派人护送孙子腓力到西班牙登基。次年，路易十四又宣布腓力将来有继承法国国王的权利。强大的法国和富裕的西班牙如果合成一个超级帝国，那欧洲各国岂不是岌岌可危了。于是在 1701 年，奥地利、英国、荷兰、葡萄牙以及普鲁士等国一起联手，围攻西班牙和法国，这一打又是十几年。在这场战争中，路易十四打击的重点是荷兰，经过半个多世纪的消耗，17 世纪的海上霸主荷兰明显受到削弱。可是最后英国人坐收渔翁之利，逐渐建立起海上霸权。奥地利国王不再要求得到西班牙的王位，但条件是西班牙国王腓力五世不能继任法国国王。至此这场欧洲混战终于结束。这些战争耗尽了法国的国库，使国家陷入高债之中。

> 伏尔泰提出人类历史的四个巅峰时期是：
>
> 1. 伯利克里和亚历山大时代；
> 2. 恺撒和奥古斯都时代；
> 3. 佛罗伦萨的美第奇家族时代；
> 4. 路易十四的时代。

路易十四执政期间,扩大了法国疆域,使其成为当时欧洲最强大的国家和文化中心。路易十四以雄才大略和文治武功使法兰西王国成为当时欧洲最强大的国家,使法语成为整整两个世纪里(17世纪和18世纪)整个欧洲外交和上流社会的通用语言,使自己成为法国史上最伟大的君王之一,也是世界史上执政最长久的君主之一。伏尔泰颂扬他的统治是一个"永远值得怀念的时代"。

路易十四享年77岁,在位72年,亲政54年,是欧洲历史上在位时间最长的帝王。他为法国带来无上的光荣,也带来了庞大的赤字。

第五节　太阳王的唯一继承人

1710年,路易十四搬进凡尔赛宫的时候,王室人丁兴旺:一个儿子,三个孙子,两个重孙。可是在三年内路易十四就失去了四个男性后裔,王朝的命运维系在一个四岁的男孩(未来的路易十五)身上(请参看下表)。

	路易十四(1638—1715) 1710年,有一个儿子,三个孙子,两个重孙		
儿子	王太子路易,1711年突然去世		
孙子	勃艮第公爵路易及其妻子玛丽·阿德莱德·德·萨瓦于1712年2月先后病逝	贝里公爵查理,于1714年过世	安茹公爵腓力,已经于1701年成为腓力五世(西班牙国王)
重孙	布列塔尼公爵,于1712年3月病逝	路易十五(未来的法王)	无嗣	后嗣归属西班牙

『第 4 任国王』
路易十五世(1710—1774)(法兰西国王 1715—1774),"被喜爱者"

如果男孩(未来的路易十五)死了,王位会传递到路易十四的侄子,但是这极有可能遭到腓力五世(西班牙国王)的不满。腓力五世不甘心被迫放弃法国王位,那样的话,势必会导致欧洲战争和法国内战。年幼的男孩承载着整个法国甚至整个西欧的命运。这个成长背景深深影响了国王的性格。

1715 年 8 月,路易十四危在旦夕,8 月 26 日他叫来幼年的重孙路易,在病榻边语重心长地说:"我的孩子,你将成为一位了不起的国王。不要像我一样喜欢建筑和战争。相反,设法与你的邻居和平相处。给上帝你所应该给的。总是遵循好的建议。设法免除人民的痛苦,而这正是我所没能做到的。"六天以后,统治法国 72 年的老国王死了,路易十五立刻成为法国的新国王。

路易十四在世时,他就怀疑自己的侄子腓力二世(奥尔良)的忠诚,遂任命他的私生子缅因公爵路易作为年幼的路易十五的摄政者。但是,在 9 月 2 日,也就是老国王去世的第二天,巴黎的"最高法院"公布摄政权,41 岁的腓力被任命为摄政者,他把政府调迁到巴黎,并且遣散了在凡尔赛的法院。摄政者在巴黎的宫殿大皇宫里处理国事。原来腓力和议会做了一笔交易,授予他们否决皇家法令的权利,要知道这些权利是被路易十四所收回了的。

年轻的路易十五被转移到位于巴黎东边 7 公里的万森讷森林里的中世纪万森讷城堡。1717 年,七岁的路易十五由缅因公爵负责教育并加以照看,红衣主教弗勒里负责协助辅导年幼的国王。年幼的国王时常需要出席很多公开仪式,在此期间,路易十五学会了掩藏自己天生的胆怯,他的一生在公众面前显露着冷淡的态度和权威的气质。

1722 年 10 月,路易十五正式在兰斯大教堂加冕。1723 年巴黎最高法院宣告国王成年,由此结束摄政。可是路易十五并没有立即亲政,他提拔任用了以前的家庭教师红衣主教弗勒里担当首相。从 1726 年直到 1743 年去世,红衣主教弗勒里兢兢业业,在国王的授意下统治着法国。尽管有一些国会议员和詹森教派信徒不安分,但这还是路易十五统治期间最和平、最兴旺的时期。路易十四统治末期,财政和人力遭受了损失,这使得弗勒里的统治趋向和平和秩序,被史学家视为"恢复"时期。

第六节　七年战争打响

弗勒里去世后,路易十五不再启用内阁,但他自己也无心打理国事。国王路易整日沉醉于自己的"鹿园",圈养了很多美少女和情妇,他的许多情妇,比如蓬巴杜夫人和杜巴丽夫人,像国王一样闻名于世。

蓬巴杜夫人不仅拥有美丽的容貌,而且很善于与人交际,说话得体,讨人喜欢。她自己苦心经营沙龙,凭借自己的教养和优雅的谈吐,沙龙做得有声有色,并且吸引了启蒙时代的伏尔泰。经过伏尔泰的鼓吹和宣传,沙龙更是宾客盈门,名流云集。在伏尔泰的口中和笔下,她成了"巴黎最美丽的女人",这让路易对她尤其倾心。为了取悦国王,蓬巴杜夫人对当时法国多种艺术都加以支持,并将洛可可艺术推向极致;为了能守住国王的宠爱,她设立了一支秘密警察部队,任命自己的亲信贝耶为警察中将。这支部队最初只是为了侦查情敌,后来就发展到对贵族大臣乃至民间活动进行侦查。随着她的权力越来越大,朝廷中的任何决策,甚至包括国内官吏的升迁、贵族领地的赏赐,很大部分都取决于蓬巴杜夫人的态度。最终蓬巴杜夫人的卧室取代了凡尔赛宫,称为法国真正的政治中心。她实际掌握了当时法国的政治、经济和军事大权。

蓬巴杜夫人

1756年,欧洲大陆上由于利益冲突,战争风云笼罩。战争之初的缘由是奥地利想要收回被普鲁士抢走的西里西亚。奥地利想要寻求法国的支持,遂派两位使者来到巴黎,并设法求见蓬巴杜夫人。而此时的蓬巴杜夫人也有自己的盘算,她担心自己美人迟暮,无法吸引路易十五,而且她也自认为非常有政治头脑,如果推动法国参加战事,国王肯定会来向她求教,这样她便能进一步拢住国王的心。于是她使出浑身解数劝说路易十五参与战事,这令路易十五想起了自己的祖父路易十四,那位驰骋欧洲的太阳王,路易十五终于决定一展抱负,与奥地利结盟,参加对普鲁士的战争。

1756 年 8 月 29 日,普鲁士军队进攻奥地利的萨克森,七年战争正式爆发。这场战争随着法国的参战,逐步改变了原来对抗的双方,最终演变成欧洲两大军事集团,即英国—普鲁士同盟同法国—奥地利—俄罗斯同盟的对抗。双方为争夺殖民地和霸权,展开一场大规模的战争。战场遍及欧洲大陆、地中海、北美、古巴、印度和菲律宾等地,它是法国大革命前欧洲各主要国家都相继卷入的最后一场大规模战争。

当时普鲁士的国王是腓特烈大帝。当时整体局势对普军非常不利:东边是俄国的八万大军,南边是奥地利的十万大军,西边则是由黎塞留的甥孙黎塞留公爵率领的法军,西南方由蓬巴杜夫人的亲信苏比兹亲王率领的六万大军,正在穿过萨克森前来夹击。11 月 5 日,两军在罗斯巴赫遭遇。苏比兹亲王看到这种情形,决定大胆出兵,直攻普军。联军完全不知道隐蔽意图,腓特烈大帝看穿法军的战略之后,迅速下令改变阵型,普军各营迅速转移,决定把联军各个击破。趁着法军先头部队和后续部队联系不紧的关头,他果断派遣几千名骑兵展开冲锋,最终撕破了联军的防线。接下来腓特烈大帝下令炮兵和步兵发威,18 门重炮轮番对着联军阵地开火,再配合步兵火枪,联军被逼得丢盔弃甲。最后,普鲁士骑兵又绕到联军背后展开突然袭击,这下子联军彻底溃败。腓特烈大帝只用了一个小时就实现成功突围,并击败两倍于兵力的联军。

直到此时,路易十五才猛然意识到自己的真正敌人是英国。英国对法国最大的威胁来自强大的海军以及发达的海上贸易。为了打破英国的压制,路易十五启用舒瓦瑟尔公爵,重整法国海军,准备和英国在海上一战。但英国海军自击败西班牙无敌舰队开始,又挫败了"海上马车夫"荷兰,已经成为全世界最厉害的海军。舒瓦瑟尔公爵当时制定了渡海作战计划,把全国的海军分为两支舰队,一支布置在南部的土伦港,从地中海出发,穿越直布罗陀海峡,绕过西班牙和葡萄牙,然后和另一支在法国北部布雷斯特港准备的舰队汇合,搭载数万法军士兵,在英格兰和苏格兰登陆,将英国人狠狠地揍一顿。然而在这次海上较量中,法军遭到惨败。

在欧洲战场上,法国不仅陆战打不过普鲁士,海战打不过英国,连海外殖民地也都保不住了。1763 年《巴黎和约》的签订,标志着持续了七年的战争结束。这个条约是法国君主制时期最屈辱的事件之一,英国则成了最大的赢家。和约规定,法国将整个加拿大割让给英国,并从整个印度撤出,只保留五个市镇,英国成为海外殖民地霸主,成了日不落帝国。法国虽然仍然拥有密西西比河西面的新奥尔良和瓜德罗普岛,但是这次失败标志着法国失去了新大陆。法国的对外策略黯然失败,声望也显著下落。普鲁士巩固了在德意志的地位,可以和奥地利分庭抗礼了。这场战争从 1756 年持续到 1763 年,因此得名"七年战争",它对 18 世纪后半期的国际战略格局产生了深远影响。

对蓬巴杜夫人而言,在战争之初,达到了她狭隘的目的,她在凡尔赛宫的闺房成为法国实际的参谋部,但是却使法国在战争中遭受到巨大失败。七年战争结束后的第二年,蓬巴杜妇人在极其悲痛中香消玉殒。战败后的路易十五情绪低迷,变本加厉地寻欢作乐,以此宣泄心中的挫败感,他还曾说:我死之后,将洪水滔天。

路易十五晚年,军费大额支出,宫廷开销庞大,整个国家经济不堪重负。同时欧洲"启蒙主义"思潮涌动,整个国家处于溃败的边缘。"大革命的气息"已经在蔓延。路易十五预言的那场洪水很快就要来了。1774年路易十五感染天花去世。法国上下没有人喜欢路易十五,他的遗骸被浸泡在生石灰中,他的葬礼①在晚上悄悄进行,只有一个大臣出席。由于路易十五的儿子路易(法国王太子)比他早死九年,因而路易的孙子登上王位,成为法王路易十六。

第七节 路易十六和他的王后 玛丽·安托瓦内特

路易十六精通多种外语,还对历史、地理等学科颇有研究。他热爱钻营,爱锁如命,路易十六在凡尔赛宫里开设了一间号称全世界最高级的五金作坊,潜心研究制锁技术。法国著名的历史学家米涅对路易十六的评价是:"他心地正直、善良,没有任何野心。他可能是唯一没有权力野心的国君,唯一具有一切好国王所应有的畏上帝和爱百姓这两个优点的国君。"比起生活奢侈糜烂的路易十五,路易十六要好得太多。路易十六不追求奢华的生活,甚至在贵族以包养情妇为荣的时代里,他连一名情妇都没有。

『第5任国王』

路易十六世(1754—1793)(法兰西国王 1774—1792)

---

① 按照波旁王朝本来的习惯,大家应该把去世国王的心脏拿出来,找一个特别的箱子装起来,然后举行风光大葬。

1793 年 1 月 21 日,国民公会经过审判以叛国罪处死路易十六。然而值得一提的是,在被送上断头台时,路易十六从容地脱掉衣服,对围观的法国民众高呼:"我的死是无辜的,我宽恕我的敌人们,我希望我的血会对法兰西人有益。"至于他的执政经历,我们将在下一章中详细道来。

下面我们来看看他的王后——奥地利公主玛丽·安托瓦内特。

玛丽·安托瓦内特是在家人的呵护下长大的,她举止优雅,活泼大方,待人亲切温柔,但也非常骄傲任性,反复无常。1770 年 4 月,年仅 15 岁的玛丽·安托瓦内特离开了维也纳,踏上了和亲之旅。女王对她的告别词是:"别了,我最亲爱的孩子。要对法国人民非常好,让他们能说我为他们送来一个天使。"两位年轻王族的婚礼,那是一场罕见的奢华盛宴。奥地利与法国的王室为表示双方联姻的喜悦和对和平的期许,不惜砸下重金,务求婚礼尽善尽美。所有法国的王族都来迎接这位小公主,且只有真正的名门望族才有资格参加婚礼。1770 年 5 月 16 日,法国凡尔赛宫,玛丽·安托瓦内特正式成为法兰西王太子妃。

玛丽·安托瓦内特
(1755—1793)

1774 年 5 月 10 日,路易十五去世,路易十六即位,玛丽·安托瓦内特成为王后。身为王后的玛丽此时才 18 岁,有着太重的责任和压力要面对,她必须懂得在这奢华浮靡的凡尔赛宫生存,必须适应奥地利与法国政治间的钩心斗角,必须正确运用王后的权利。然而,这位年轻的王后天生直率,根本懒得思考。政治家之间的钩心斗角她压根不关心。她的爱好就是破坏王室规矩。她利用王后的权利来满足自己穷奢极侈的欲望,无数昂贵的宝石、时装汇集到她的宫殿,奢华的时尚风气在她的带领下席卷法兰西的贵族生活圈。巨额钱财在她一次又一次的寻欢作乐中耗费掉了,其中最耗钱的一项,可能是再度修建小特里亚农宫[1],这座宫殿是路易十六送给王后的礼物。根据统计,前后花在这座宫殿上的钱大概是七十六万六千法郎。在当时的法国,这绝对是一个惊人的数字。

1789 年 7 月 11 日,法国大革命正式宣告开始。随后,14 日,巴士底狱被攻陷。路易十六很明白革命的意义,但他毫无办法应对。而玛丽王后则认定"革命就是造

---

[1]　在凡尔赛宫,除了主宫外,还有位于御花园西北面的大特里亚农宫和小特里亚农宫。

反",坚决不肯向革命派低头。当整个法国贵族都四散奔逃,甚至有些人自愿放弃贵族身份,加入革命队伍的时候,玛丽·安托瓦内特却依然在用她微薄的力量捍卫王权帝位。原本只知道享乐的女人,此时却爆发出惊人的意志力。正如法国政治家米拉波所说,"她是当时凡尔赛中唯一的男子汉"。

法国大革命期间,玛丽·安托瓦内特的命运出现悲剧性转折。温和仁慈的国王在国民看来不是那么有害,但挥霍无度的王后实在令人无法忍受。当时的人们将她描绘成邪恶凶残的魔女、无耻的淫妇,人民的怒火几乎全部集中在她一个人身上。1793年10月12日,玛丽被送上审判席,诸多的罪名加在了她身上,审判进行了数天,到15日,玛丽被正式判处死刑。1793年10月16日大约11点,玛丽·安托瓦内特在革命广场(即协和广场)被执行死刑,之后草草下葬。可以说,直到最后死亡,她也未真正低过头,始终维持着王后的尊严。

第七章
大革命风暴席卷法国

第一节　召开三级会议，建立国民议会

　　我们先来谈谈法国大革命前夕的阶级关系，可参见下表。特权阶级主要是教士和贵族，分别属于第一等级和第二等级，他们的人数占据总人口的3％，却占有全国1/3以上的土地，他们享有丰厚的收益，却不用缴纳赋税。其余97％属于被统治阶级，即第三等级。第三阶级中农民占据全国总人口的90％，然而他们只占有全国1/3的土地。另外的7％是工人、城市平民还有资产阶级。资产阶级包括银行家、船主、商人、工场主、律师等。农民、工人、平民是革命的主要动力，资产阶级要求享有政治权利，是革命的领导力量。

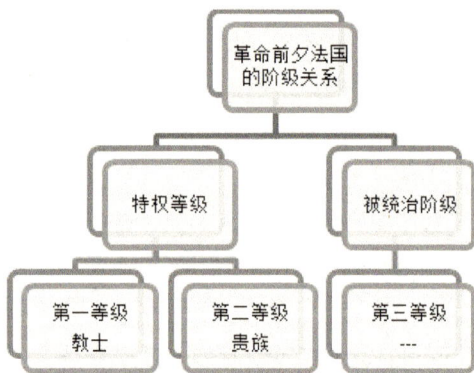

　　路易十六继位伊始，为了缓解政府财政危机，他决定针对特权阶层实行改革。路易十六先后重用老臣莫普、经济学家杜尔阁、银行家雅克·内克等人担任财政总监，实施了一系列改革措施，有的改革比较彻底，有的改革比较温和，但是都或多或少地损害了特权阶层的利益。因而在特权阶层的百般阻挠下，改革屡次宣告失败，推行的各项政策也随之被搁浅。雅克·内克之后，财政总监更迭频繁，有的寄希望于贵族，有的对贵族展开攻势，但是始终成效甚微，国家财政最终宣布破产。这个时期的法国，农民食不果腹，贵族则日夜忧心如何保障自己的既得利益。

1789 年，银行家雅克·内克第二次成了财务总监，他积极筹措三级会议。而对于当时有着"激进改革者"称号的路易十六来说，他也非常希望能够听到人民的声音，希望能够听取第三等级社会代表的意见。在这段时间里，法国弥漫着一股"第三等级最高"的气息，第三等级的代表大多是法律界人士和商人。值得注意的是，当时处于"第三等级"的法国平民与我们通常印象中的劳苦大众还不太一样，其中，法国新型的资产阶级经过长久经营，已经积累了大量的财富，只是他们手中没有权力。1789 年 5 月 5 日，291 名教士代表，270 名贵族代表，578 名第三等级代表，来到凡尔赛的游艺厅，从亨利四世开始中断了一百多年的三级会议终于应声召开。召开这次三级会议要解决的问题实质是：第三等级要求打破特权等级的统治，特权等级要求的是维护自己原有的利益。首先出场的是国王路易十六，他一味地强调王权的地位。接下来出场的是财政总监内克，他演讲了 3 个小时，不停地重复"欠债""亏损"等。对于当前社会中亟待解决的问题却缄口不言。那么这次会议是还像以前一样，每个等级一票，还是一人一票？特权阶层当然希望是每个等级一票，第三等级则希望是一人一票，这个问题争论了一个多月，也没有结果。

最终，第三等级决定单独审查代表资格，6 月 17 日成立了"国民议会"，声称这个议会代表了全国 96% 的人口的意志。6 月 19 日，教士等级也加入了国民议会。路易十六第一次感到事情失控。

路易十六当初决定召开三级会议，确实是希望能够听到底层人民的声音，同时打击垄断权力的特权阶层，而且路易十六认为，自己手中的至高权力和军队完全可以掌控一切。现在面对这种有点失控的局面，路易十六和贵族们赶紧商讨对策。路易十六找了个由头，派人关闭了第三等级的会议厅，这让第三等级代表们怒不可遏。代表们在议长巴伊的带领下，来到了距离会场不远的一个网球场，大家热血沸腾，一个个进行了宣誓："我们宣誓永远不脱离国民议会，在形势需要的任何地方开会，直到王国的宪法制定出来。"这就是著名的"网球场宣誓"。法国大革命的风暴即将来临。

1789 年 6 月 23 日，筹备多日的御前会议终于召开，国民议会代表们准备在这次会议上，逼迫国王答应他们的要求。当天下着淅淅沥沥的小雨，会场周围戒备森严，特权阶级代表入席之后，国民议会代表被挡在门外，一个个接受搜身检查，很多人都被雨淋湿透了，大家好不容易进到会场，可是直到中午国王才露面，而且路易十六并没有打算好好商议会务，只是警告各位代表，国王才是你们的首领，而后国王的秘书宣布声明："国王希望三个等级的划分能保留下来，按照等级进行讨论，只有这样你们才算是国家的合法代表团体。"秘书宣布完声明之后，路易十六在退场之前放下狠话："假如你们敢在这项如此美好的事业中背叛我,我就自己来为人民谋福祉。"国王退场,贵族和教士代表很快便散了,但是国民议会代表却态度强硬,更重要的是国民议会代表们表明了为国牺牲的立场,这争取到其他两个阶级中的有识之士。一部分教士,还有以奥尔良公爵"平等路易①"为首的贵族代表,也逐渐加入国民议会,大臣内克也站在他们的一边去了。6 月 27 日,路易十六见势不妙,只好假装让步。这个消息传开来之后,整个巴黎都在欢呼雀跃,他们憧憬着未来,构思建立一种全新的政治制度,7 月 9 日国民议会改称制宪议会,要求制定宪法,约束王权。

第二节 攻占巴士底狱,建立国民自卫军

资产阶级把目标指向国王,路易十六表面上表示赞同,可是暗地里与王后、顽固派贵族商议,把大批军队调回巴黎,打算强行解散议会。这些军队中有很多都是外国的雇佣军团,他们拿钱办事,根本不顾法国人民的生死或法国的命运前途。当制宪委员会成员发现巴黎城中聚集了越来越多荷枪实弹的军人的时候,才意识到国王的让步只是权宜之计。有一名议员站出来,对巴黎市民发表了一次慷慨激昂的演说,号召大家武装起来,保卫议会。巴黎市民群情激昂,涌上街头,支持制宪议会。议会代表成立了常务委员会,建立民团,保卫首都,抵挡外籍军团,另外一个任务就是防止暴徒趁火打劫,扰乱巴黎秩序。随着民团的建立,巴黎人民和国王的对立,从政治权力上的争斗,发展到军事武装对峙阶段。

民团很快恢复了巴黎的秩序,接下来的任务就是和国王的武装力量对抗,所以需要有像样的武器,他们首先把兵工厂攻占下来,结果却发现那里几乎没有什么能用的武器。兵工厂的人告诉他们,巴士底狱有很多枪炮,要的话就去那里拿吧。7 月 13 日,双方爆发激烈战斗,次日,群众攻克了著名的巴士底狱,巴黎大部分地区被市民占领。随后,议会代表们夺取了巴黎市政权,建立起国民自卫军,国王不得不屈服。第三等级终于战胜国王的专制统治,攻克巴士底狱。最初的一段时间里,路易十六不但承认了议会和宪法的合法地位,还公开宣誓维护宪法,获得了国民的支持。

---

① 奥尔良公爵因主动放弃贵族身份、投身革命而被称为"平等路易"。他既非极端君主派,亦非共和党人,他走的是中间路线。七月王朝(又称奥尔良王朝)时被拥戴为国王。

巴 士 底 狱

巴士底狱本身是一座城堡，百年战争时期查理五世在巴黎城外修建巴士底城堡，用来抵御敌军。后来王室把它改造成监狱，用来关押政治犯。对于巴黎人民来说巴士底狱代表着王室特权。

1715 年的巴士底狱。由八座圆形塔和高达 30 米的坚固围墙组成，周围建有深达三米的壕沟，与塞纳河相连。

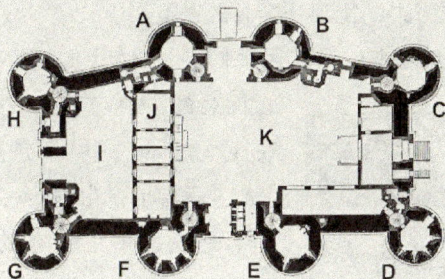

然而，眼看法国离君主立宪制只差一步，情况又出现转折。

第三节　《人权宣言》问世

巴黎市爆发了轰轰烈烈的革命，路易十六知道自己输了，于是他向制宪委员会表示："朕已经和国民融为一体，不分你我，朕现在还要依靠你们啊！"国王正式承认了国民议会（制宪委员会）的存在。路易十六召回内克，承认巴伊为巴黎市长，还亲自到了巴黎，接受这一事实，夹道围观的百姓全都在高呼"国民万岁"。巴伊对这个场面感动至深，他说："当年亨利四世就是在这里征服了他的人民，现在轮到人民征服他们的国王了。"路易十六屈服了，他戴上了三色帽徽，三种颜色是代表巴黎的蓝色和红色，夹着代表王室的白色组成。当他戴着这顶帽子出现在市政大厅的时候，全场爆发出雷鸣般的掌声和欢呼声。制宪委员会和人民征服了国王，但是大贵族们带上各自财物逃离了法国，可是他们并不甘心，他们还是会回来的。

　　这一年的 7 月，法国各地的人们效仿巴黎人民的壮举，砸毁当地的"巴士底狱"，他们拿着武器，冲进封建领主的城堡，逼迫他们把征税的契约、代表他们权力的证书交出来，然后全部烧掉。这场运动席卷整个法国，他们的手段非常激烈，这让新兴的资产阶级感到非常不安，为了维护自己的利益，他们不得不和原来最痛恨的贵族们联手，一起对付这些如同疯子一般的农民，最终动用武力，血腥镇压。然而革命势头蓄势待发，农民反抗运动更加激烈了。代表们慌了，急忙召集大家一起开会，商讨对策。起先大家讨论出一个《八月法令》，这份法令并没有从实质上给农民带来太多的利益，但好歹在形式上废除了封建制度，拆毁了旧社会的框架。那么接下来，代表们就必须努力制定出一个新的制度了。

　　从 8 月 12 日起，制宪委员会的代表们经过 20 天的逐字推敲，终于制定了举

世闻名的《人权宣言》（法文版全文请参看附件 1）。宣言一共 17 条内容，它指出什么是人权，还指出自由财产、人身安全还有反抗压迫都是人民不可剥夺的人权。人民享有言论、信仰、著作和出版的自由，私有财产不可侵犯，主权在人民手中，主权的表现形式就是法律。其中最重要的一点：法律面前，人人平等。《人权宣言》标志着以法律为基础的资产阶级权利取代了以君主个人意志为标志的封建特权，它将启蒙思想发扬光大，并用法律的形式固定了下来，在法国革命中发挥了重要的作用，对当时封建专制制度占统治地位的欧洲产生了巨大的影响。

《人权宣言》

第四节　法国史上第一部宪法

　　有了《人权宣言》作为纲领，制宪委员会开始着手讨论制定宪法。这时出现两种意见。一些坚持保卫王权的人要求国王有权反对议会通过的决议；另一些人不赞成，要求打破旧的制度。这两拨人在开会的时候经常吵得不可开交，而且他们习惯于各自抱团坐在一块儿，拥护国王的人坐在右边，反对国王的人坐在左边，当时

的人就喜欢把他们称为"右派"和"左派",一直沿用至今。路易十六看到有这么多人维护自己的权力,于是他表现出否决《八月法令》和《人权宣言》的态度,这让革命者感到非常不安,一时之间,巴黎城内的局势又变得紧张起来。1789 年 10 月 1 日,国王卫队的军官在凡尔赛宫宴请佛朗德勒军团,席间,军官们心情有些激动,而且当时餐厅里播放的背景音乐刚巧是歌剧《狮心王理查》的插曲,有一句歌词是:"啊,我的国王,世人都抛弃了您!"在酒精的作用下,军官们不禁热血沸腾,他们把头顶的三色帽扔在地上,然后戴上了象征波旁王朝的白色帽。这件事被《凡尔赛邮报》爆料了,处于粮食紧缺状态的巴黎市民又一次爆发了:我们要面包! 要处死教士! 处死贵族! 处死王后! 10 月 6 日下午路易十六和全家人被劫持,晚上 8 点被遣送到巴黎,路易十六一家被扔进杜伊勒里宫,这里多年荒废,路易十六的子女只能睡在士兵临时搭建的行军床上。

巴黎政治氛围越来越浓厚,许多政治俱乐部涌现出来,其中最有影响力的就是雅各宾俱乐部。雅各宾俱乐部的成员最初都是来自布列塔尼,他们在参加三级会议的时候,总是事先去特定的地方聚会一下,讨论交换意见,后来,大批政治活动家加入这个俱乐部。这种做法很快被其他人效仿,越来越多的政治俱乐部成立,甚至连保王党还成立了一个"王政宪法之友俱乐部"。趁着革命气氛高涨,制宪委员会不断地破旧立新,通过新的法令,他们重新划分了全国的行政区域,废除贵族的特权,废除封建制度,彻底铲除教士等级。1790 年 7 月 14 日,全国人民为了纪念攻陷巴士底狱一周年而庆祝,大家沉浸在一片幸福的汪洋里。

其实自从修立宪法以来,路易十六就感觉自己被牢牢限制,非常不满。1791 年 2 月 28 日,有谣言称国王处境危险,数百名年轻贵族前往王宫保护,与守卫王宫的国民卫队发生冲突,一些贵族遭到殴打和侮辱,这令路易十六十分愤怒。1791 年 4 月 18 日,路易十六原本计划前往巴黎近郊的一座城堡,却被民众阻挠,此时的他突然冒出了出逃的想法。6 月 20 日深夜,王室成员乔装后挨个混出王宫,目的地是法国的边境线。整个过程原本十分顺利,但轮到路易十六时,几名政要突然求见,路易十六不得不推迟出逃时间。搭乘马车逃跑后,路易十六十分激动,中途又多次下车同乡民交谈,一而再地造成延缓,这直接导致负责接应国王的骑兵误认为出逃计划失败,在国王抵达前便撤离。当国王一行人抵达圣默努尔德驿站时,站长认出了国王,并将国王的行踪透露给了议会。最终,议会在瓦雷纳截获了国王一行,路易十六被国民自卫队团团包围,忠于国王的骑兵赶来救援却宣告失败,随后,国王被送回巴黎。接着大家又发现,路易十六在此次逃跑之前,已经通过信件和欧洲各国国王有了联络,准备和外国军队汇合,杀回巴黎,叛离革命。人们愤怒地去找制宪委员会,要求他们惩治国王。路易十六赶紧向议会赔礼道歉,但人们已经不再相信路易十六了,可制宪委员会却出乎意料地选择支持国王。制宪委员会的想法是:首先,大多数人希望设立君主立宪制;其次,路易十六和外国一些国王有着共同的利益,担心遭到其他国家的合力讨伐。再次,担心那些支持废掉国王的共和派会乘机得势,影响他们的权力。持这些想法的人士退出雅各宾俱乐部,他们以拉法耶特为首,成立了斐扬俱乐部。斐扬派为了保证自己的计划,于 7 月 17 日出兵镇压民众要求废除路易十六的示威行动,有 50 多人因此丧生。

法国大革命声势浩大,引得周边国家大为不安,普鲁士、奥地利成立联军,矛头直指法国。1791 年 8 月 27 日,奥地利和普鲁士联合发表宣言,警告法国人立即停止这种胡闹的行为,赶紧恢复国王的权力。外国兵团越是施压,革命势头越是强盛,9 月 14 日路易十六迫于形势,宣布接受宪法。《1791 年宪法》是法国史上第一部宪法。宪法规定:法国为君主立宪制国家,国家实行三权分立制度,国王要依法才能行使他的行政权,年满 25 岁的男子享有公民权,但是要按照财产界定他们有没有选择权。最后,大概 700 万公民里面有 400 万人享有选举权。

第五节　法兰西第一共和国成立

此时的法国,外交形势严峻,国内情形也是一团糟。之前的逃亡贵族集结外国势力频频向革命政府示威,伺机颠覆革命,国内的农民则由于粮食匮乏频繁发生动乱,在这种情况下,法国群众赶紧在 10 月份通过投票选举产生了立法议会,取代制宪委员会。1791 年 10 月 1 日立法议会召开,法国正式成为君主立宪制国家,法国大革命基本宣告成功。

这个议会大致上分成左中右三派,右翼由 264 名斐扬派议员组成,他们选择支持君主立宪制;大部分左翼由雅各宾俱乐部的人组成,他们又分成两拨:一拨人以布里索为首,思想较为温和,后来和来自吉伦特郡的代表不谋而合,所以称为吉伦特派,他们觉得要战便战,只要战争打赢了,就能顺便挤走斐扬派;另一拨人以罗伯斯庇尔、丹东等为代表,态度比较激进,倾向于令法国走向共和制。他们反对战争,觉得军队都是贵族控制的,根本无法取胜。关于革命派别,请参看下图:

革命派	派别定位	代表人物	政 治 主 张
斐扬派	君主立宪派（右翼）	西哀士、拉法耶特、巴伊、巴纳夫、拉默特兄弟等	主张君主立宪制，反对民主共和制
吉伦特派	温和派（中翼）	布里索、孔多塞侯爵等	主要代表当时信奉自由主义的法国工商业人士；有时称"布里索派"或"长棍面包派"
雅各宾	激进派（左翼）	罗伯斯庇尔、丹东等	主张共和制，是唯一的全国性组织，成员中以小业主最多，也包括许多富有的资产者

面对法国内外交困的形势，路易十六有着自己的算盘，他非常明白此时的法国是不可能打赢外国军队的，他寄希望于法国战败，然后外国军队助他重掌法国。

为了稳住国内局势，布里索等人发出两条激烈的法令：一是要求逃亡贵族在该年年底回国，否则将被视为叛国；二是规定所有教士在一个星期之内全部来宣誓，誓死效忠宪法，否则就取消他的年金，如果敢参加叛乱则会被丢进监狱。国内的动荡就先暂时这么处理了，那么如何对付外国军队呢？吉伦特派开战不利，许多军官都是贵族，不听从内阁的调遣。玛丽王后甚至把法军的作战计划透漏给自己的娘家奥地利。吉伦特派赶紧召集会议，会议上，他们通过决议驱逐那些拒绝宣誓的教士，还宣布解散王室的近卫军，重新组织一支能自由调用的军队。

这个时候，罗伯斯庇尔主动站了出来，开始募集军队，短短几天之内，巴黎人民组织了一支 1.5 万人的义勇军。尤其是马赛来的义勇军，一路唱着《献给吕克内元帅的军歌》："前进，祖国的儿女们……"巴黎人把这首歌称作《马赛曲》，后来被定为法国国歌。巴黎乃至法国人民高奏着《马赛曲》，奋勇参军，准备随时为祖国献身。

外敌更加猖狂，奥普联军又一次发表宣言，要求恢复路易十六的权力，否则就血洗巴黎。巴黎民众非常愤怒，又爆发了起义，推翻了原来的市政府，建立了"1792年公社"市政府。任命雅各宾派的桑泰尔为国民自卫队司令。桑泰尔上任的第一件事，就是率领起义的群众攻打王宫，这一次路易十六被扔进了监狱。路易十六这次被扔到监狱，想要搞君主立宪制的斐扬派被赶出会议，从此，议会落入吉伦特派的手中。他们的决议：在以后的法令中，"国王"改成"国民"；铲除逃亡贵族和反抗派教士；取消了以前根据财产判定公民是否有选举权的规定。

这段时间里,奥普联军打下了凡尔登,直逼巴黎,议会派遣重新组织的部队匆忙抵挡。法军战士大多数由城市平民组成,他们在凡尔登南方的瓦尔密和普鲁士军队作战时,表现得异常英勇。法军夺取了瓦尔密,取得了瓦尔密大捷。次日,国民公会正式开幕,吉伦特派占了 160 个席位,并且成功笼络了 510 席中间派议员,控制了中央行政机构。国民公会第一天开会就宣布废除王政,第二天宣布法国为共和国。

1792 年 9 月 22 日法兰西第一共和国终于成立。1792 年被认为是共和元年,政治口号就是我们今天所熟知的"自由、平等、博爱"。法国迎来了共和制,但实现真正意义上的民主和共和,还需要经历一场场的狂风暴雨。

法国王室世系表

法 兰 克 王 国

墨洛温王朝(481—751)			
在位时间	国　　王	法语名	备　　注
481—511	1 克洛维一世(466—511)	Clovis Iᵉʳ	法国历史上第一位君王
511—561	2 克洛泰尔一世(500—561)	Clothar Iᵉʳ	第 1 次分裂时期(511—558)
561—584	3 希尔佩里克一世(561—584)	Chilpéric Iᵉʳ	第 2 次分裂时期(561—613)
613—629	4 克洛泰尔二世(584—629)	Clothar II	—
623—639	5 达格伯特一世(605—639)	Dagobert Iᵉʳ	—
639—657	6 克洛维二世(634—657)	Clovis II	第 3 次分裂时期(639—673)

懒王时代				
在位时间	国　　王	法语名	实际掌权者	法语名
657—751	—	—	丕平一世 (？—640)	Pépin I
			丕平二世 (635—714)	Pépin II
			查理·马特 (688—741)	Charles Martel

加洛林王朝(751—987)			
在位时间	国　　王	法语名	备　　注
751—768	1 丕平三世(714—768)	Pépin III	矮子丕平 Pépin le Bref
768—814	2 查理一世(742—814)	Charles Iᵉʳ	查理大帝 Charlemagne,新奥古斯都,欧洲国王之父
814—840	3 路易一世(778—840)	Louis Iᵉʳ	虔诚者路易 Louis le Pieux

续表

西法兰克王国			
在位时间	国　　　王	法语名	备　　注
843—877	4 查理二世(823—877)	Charles II	秃头查理 Charles le Chauve
877—879	5 路易二世(846—879)	Louis II	口吃者路易 Louis le Bègue
879—882	6 路易三世(863—882)	Louis III	—
882—884	7 卡洛曼二世(866—884)	Carloman II	—
884—888	8 查理三世(839—888)	Charles III	胖子查理 Charles le Gros,来自东法兰克王国
进入厄德子孙与查理曼子孙共治时期			
888—898	9 厄德(约 865—898)	Eudes	Eudes de Paris,被封为"法兰西岛主"
898—922	10 查理三世(879—929)	Charles III	天真者查理 Charle le Simple
922—923	11 罗贝尔一世(865—923)	Robert Ier	—
923—936	12 鲁道夫(? —936)	Rudolph	罗贝尔一世的女婿
936—954	13 路易四世(921—954)	Louis IV	海外归来者 Louis d'Outremer
954—986	14 洛泰尔一世(941—986)	Lothaire Ier	—
986—987	15 路易五世(967—987)	Louis V	懒王路易 Louis le Fainéant,法兰克人的最后一任国王

法兰西王国
("法兰西"这个名字正式进入历史)

卡佩王朝(987—1328) 文化发达,军事落后			
在位时间	国　　　王	法语名	备　　注
987—996	1 于格・卡佩(938—996)	Hugues I Capet	—
996—1031	2 罗贝尔二世(970—1031)	Robert II	虔诚者罗贝尔 Robert le Pieux
1031—1059	3 亨利一世(1008—1060)	Henri Ier	—
1059—1108	4 腓力一世(1052—1108)	Philippe Ier	—
1108—1131	5 路易六世(1081—1131)	Louis VI	胖子路易 Louis le Gros
1131—1180	6 路易七世(1120—1180)	Louis VII	小路易 Louis le Jeune
1179—1223	7 腓力二世(1165—1223)	Philippe II	腓力大帝,奥古斯都 Auguste,更名:法兰西王国

续表

在位时间	国　　王	法语名	备　　注
1223—1226	8 路易八世(1187—1226)	Louis VIII	狮子路易 Louis le Lion
1226—1270	9 路易九世(1214—1250)	Louis IX	圣路易 Saint-Louis
1270—1285	10 腓力三世(1245—1285)	Philippe III	大胆腓力 Philippe le Hardi
1285—1314	11 腓力四世(1268—1314)	Philippe IV	美男子腓力 philippe le bel
1314—1316	12 路易十世(1289—1316)	Louis X	固执者路易 Louis le Hutin
1316	13 约翰一世(1316—1316)	Jean Ier	遗腹子 le Posthume
1316—1322	14 腓力五世(1293—1322)	Philippe V	高个子腓力 Philippe le Long，旁支
1322—1328	15 查理四世(1294—1328)	Charles IV	美男子查理 Charles le Bel，旁支

瓦卢瓦王朝(1328—1589)
多事之秋

在位时间	国　　王	法语名	备　　注
1328—1350	1 腓力六世(1293—1350)	Philippe VI	幸运王 le roi trouvé 腓力三世的第三子卢瓦卢伯爵查理之子，开始英法百年战争(1337—1453)
1350—1364	2 约翰二世(1319—1364)	Jean II	好人约翰 Jean le Bon
1364—1380	3 查理五世(1338—1380)	Charles V	贤明者查理 Charles le Sage
1380—1422	4 查理六世(1368—1422)	Charles VI	疯子查理 Charles le Fou
1422—1461	5 查理七世(1403—1461)	Charles VII	胜利王 le Victorieux
1461—1483	6 路易十一(1423—1483)	Louis XI	谨慎的路易 Louis le Prudent
1481—1498	7 查理八世(1470—1498)	Charles VIII	和蔼查理 l'Affable。将法国带入长达半个世纪的意大利战争，死后无继承人

瓦卢瓦王朝(奥尔良支)

| 1498—1515 | 8 路易十二(1462—1515) | Louis XII | 人民之父 le Père du Peuple，查理八世的堂兄弟，无继承人 |

瓦卢瓦王朝(昂古莱姆支)

| 1515—1547 | 9 弗朗索瓦一世(1494—1547) | François Ier | 国王查理五世的玄孙，法国第一位文艺复兴式的君主 le Père et Restaurateur des Lettres |
| 1547—1559 | 10 亨利二世(1519—1559) | Henri II | 王后凯瑟琳被称为"毒蛇夫人" |

在位时间	国　　王	法语名	备　　注
1559—1560	11 弗朗索瓦二世（1544—1560）	François II	亨利二世的长子
1560—1574	12 查理九世（1550—1574）	Charles IX	亨利二世的次子
1574—1589	13 亨利三世（1551—1589）	Henri III	亨利二世的三子

波旁王朝（1589—1792） 跨国王朝，被视为卡佩王朝的另一个分支。			
在位时间	国　　王	法语名	备　　注
1589—1610	1 亨利四世（1553—1610）	Henri IV	亨利大帝 le Grand，颁布《南特敕令》
1610—1643	2 路易十三（1601—1643）	Louis XIII	英明王 le Juste，在首相黎塞留的辅佐下，开启了现代外交
1643—1715	3 路易十四（1638—1715）	Louis XIV	太阳王 Roi Soleil
1715—1774	4 路易十五（1710—1774）	Louis XV	被喜爱者"le Bien-Aimé"
1774—1792	5 路易十六（1754—1793）	Louis XVI	殉教王 le Roi-Martyr，被推上革命的断头台
—	6 路易十七（1785—1795?）	Louis XVII	未在位国王
法兰西第一共和国（1792—1804） —			

参考文献

董强.插图本法国文学史[M].北京：北京大学出版社,2005.

柳鸣九.法国文学史[M].北京：人民文学出版社,1991.

罗芃.法国文化史[M].北京：北京大学出版社,1997.

皮埃尔·米盖尔.法国史[M].北京：中国社会科学出版社,2010.

乔治·杜比.法国史[M].北京：商务印书馆,2018.

让·马蒂耶.法国史[M].上海：上海译文出版社,2002.

王春永,文朝利.你可能不知道的法国[M].北京：中国发展出版社,2008.

吴岳添.法国文学简史[M].上海：上海外语教育出版社,2005.

伊莎贝拉·伯尼顿·库朗.卢浮宫原来可以这样看[M].北京：中信出版集团,2015.

郑嘉伟,杨益.不可不知的法国史[M].武汉：华中科技大学出版社,2014.

巴里·施特劳斯.恺撒之死[M].北京：北京联合出版有限公司,2020.